전기 기술자, 생각에 감전되다

전기 기술자, 생각에 감전되다
작은 스파크가 만드는 새로운 가능성

초 판 1쇄 2025년 09월 24일

지은이 심문섭
펴낸이 류종렬

펴낸곳 미다스북스
본부장 임종익
편집장 이다경, 김가영
디자인 임인영, 윤가희
책임진행 김은진, 이예나, 김요섭, 안채원

등록 2001년 3월 21일 제2001-000040호
주소 서울시 마포구 양화로 133 서교타워 711호
전화 02) 322-7802~3
팩스 02) 6007-1845
블로그 http://blog.naver.com/midasbooks
전자주소 midasbooks@hanmail.net
페이스북 https://www.facebook.com/midasbooks425
인스타그램 https://www.instagram.com/midasbooks

© 심문섭, 미다스북스 2025, Printed in Korea.

ISBN 979-11-7355-503-9 03190

값 18,000원

※ 파본은 구입하신 서점에서 교환해드립니다.
※ 이 책에 실린 모든 콘텐츠는 미다스북스가 저작권자와의 계약에 따라 발행한 것이므로 인용하시거나 참고하실 경우 반드시 본사의 허락을 받으셔야 합니다.

미다스북스는 다음세대에게 필요한 지혜와 교양을 생각합니다.

작은 스파크가 만드는 새로운 가능성

전기 기술자,
생각에 감전되다

심문섭 지음

미다스북스

프롤로그 ··· 8

1부 전기인의 생각

1장 지식 충전소

1 어긋남의 미학 ··· 13
2 켈로이드 피부와 문신 ··· 16
3 익숙한 삶 속의 작은 경고 ··· 20
4 밥과 죽 사이 ··· 23
5 똑똑함과 현명함 ··· 25
6 종구라기의 시간 ··· 27
7 나를 바꾼 큐 한 자루 ··· 30
8 알면 걱정의 밤, 모르면 평안의 밤 ··· 32
9 핫 팩 ··· 35
[아는 것이 힘 1] 3년간 전기료 500만 원 아끼다 ··· 37

2장 건강이 최고

1 전갈부대의 금연 정책 ··· 43
2 금붕어에게 배운 절제의 지혜 ··· 46
3 혼자 떠난 여수에서 배운 3가지 ··· 48
4 한 달에 1kg ··· 51
5 사실만 보나요? 진실도 보나요? ··· 54

6	안전거리, 그리고 마음의 거리	⋯ 57
7	당신의 브레이크는 무엇입니까?	⋯ 60
8	젊게 사는 법	⋯ 62
9	사랑과 양심의 대한민국	⋯ 66

[아는 것이 힘 2] 150만 원의 문제를 3만 원으로 해결하다 ⋯ 69

3장 지혜는 행복의 영양소

1	나는 자랐고, 세상은 작아졌다	⋯ 73
2	스롱 피아비와 삶의 각	⋯ 75
3	내가 진짜 빼야 할 점	⋯ 77
4	흰머리와 초심	⋯ 79
5	낚시에서 배운 삶의 교훈	⋯ 82
6	10m에서 배운 겸손	⋯ 84
7	네가 왜 거기서 나와?	⋯ 87
8	반쪽짜리 배려 말고 진짜 배려를	⋯ 89
9	아버지가 겪으신 6·25 전쟁	⋯ 91

[아는 것이 힘 3] 성탄 트리에서 왜 불이 났을까? ⋯ 95

4장 웃음은 젊음의 비결

1	향기롭지 않은 사건	⋯ 99
2	냉장고 안의 음식물을 밀봉해야 하는 이유	⋯ 101
3	피 한 방울의 기적	⋯ 104
4	무슨 땀을 흘리고 있나요?	⋯ 108
5	차선, 나의 좌우명	⋯ 111

6	코로나19	··· 114
7	아마존 아쿠아 파크 당진	··· 118
8	가짜 뉴스에 낚인 밤	··· 122
9	대통령 이름 삼행시	··· 125

[아는 것이 힘 4] 일괄 소등스위치 ··· 128

2부 전기인의 일상

1장 전기인이 되다

1	나는 왜 전기인이 되었나?	··· 133
2	직장을 이직하다	··· 135
3	첫 번째 현장 이야기	··· 137
4	두 번째 현장 이야기	··· 147
5	세 번째 현장 이야기	··· 150

[아는 것이 힘 5] 전기 계량기가 옆집과 바뀌었어요 ··· 155

2장 IMF 시절 이야기

1	제주 생활 이야기	··· 159
2	서울 생활 이야기	··· 165
3	8년 만에 다시 전주 생활 이야기	··· 178
4	천안 논산 생활 이야기	··· 183

[아는 것이 힘 6] 전기 요금 절약 꿀팁 ··· 186

3장 생생한 현장 이야기

1 세 번째 전주 생활 이야기 ··· 191
2 인천 생활 이야기 ··· 197
[아는 것이 힘 7] 생활 속 전기 응급조치 ··· 200

4장 퇴직을 준비하다

1 네 번째 전주 생활 이야기 ··· 203
2 두 번째 인천 생활 이야기 ··· 208
3 다섯 번째 전주 생활 이야기 ··· 214
[아는 것이 힘 8] 단독주택은 태양광 발전 무조건 설치 ··· 220

프롤로그

 고등학교 1학년 국어 숙제인 '신문 사설 논평'을 시작으로 저의 글쓰기 씨앗이 심어졌습니다. 그 씨앗은 책과 SNS, 그리고 주위 사람들과의 대화라는 영양분을 먹으며 조금씩 자라 모종이 되었고, 가족과 친구들의 따뜻한 격려 덕분에 조그마한 열매를 맺게 되었습니다.

 저는 뛰어난 기술자는 아닙니다. 기술자의 꽃이라 불리는 '기술사' 자격증도 없고, 석사나 박사 학위도 없습니다. 공대생 출신이라 인문학과는 거리가 멀었고, 전기공학이라는 분야는 정답이 늘 하나였기에, 다른 해석이나 새로운 시선은 필요하지 않았습니다. 그러다 보니 사고의 폭도 좁았고, 사용하는 언어도 딱딱하고 둔탁했습니다. 그야말로 '생돌' 같은 글이었습니다. 하지만 거칠고 뾰족한 돌도 수많은 파도와 접하다 보면 부드러운 '몽돌'이 되듯이, 저의 글도 수많은 생각과 접하다 보니 조금씩 '고운 돌'이 되어가고 있습니다.

중학교 3학년, 상업 과목 첫 수업이 아직도 기억납니다.

"TV는 1년 동안 다락방에 넣고, 밥 먹을 때도, 화장실에서도 공부하라. 잠은 책상에 엎드려 자며 시간을 아껴라." 선생님의 이 말씀을 저는 곧이곧대로 따랐고, 그 시절의 '할 수 있다'는 믿음이 오늘의 저를 있게 했습니다.

뛰어난 기술자도 아니고, 글쓰기도 부족하여 아직 '고운 돌'이 되지는 못하였지만 제 마음을 꺼냅니다. 상업 선생님처럼 누군가에게 희망과 용기의 씨앗이 되어줄 수 있다면 그 자체로 충분한 가치가 있다고 믿습니다. 그래서 용기를 냈고, 글을 세상에 내보입니다.

지금 저는 마치 중요한 시험을 마치고 결과를 기다리는 수험생처럼, 축복의 선물인 자녀의 첫 얼굴을 기다리는 산모처럼, 첫 책 『전기 기술자, 생각에 감전되다』의 출간을 기다리고 있습니다.

누구나 언젠가 써보고 싶은 이야기, 한 번쯤 꺼내고 싶었던 이야기가 있지 않을까요? 부족한 '생돌'이라도 그 자체로 충분히 귀한 걸음입니다. 당신의 씨앗도 누군가에게 '용기'라는 이름으로 자라날 수 있습니다.

끝으로, 책이 세상에 나오기까지 협력해 주신 미다스북스와 김은진 편집팀장님께 감사드립니다.

사랑하는 가족, 그리고 병상에 계신 아버님께 이 책을 바칩니다.

고교 1학년 시절 창작 노트

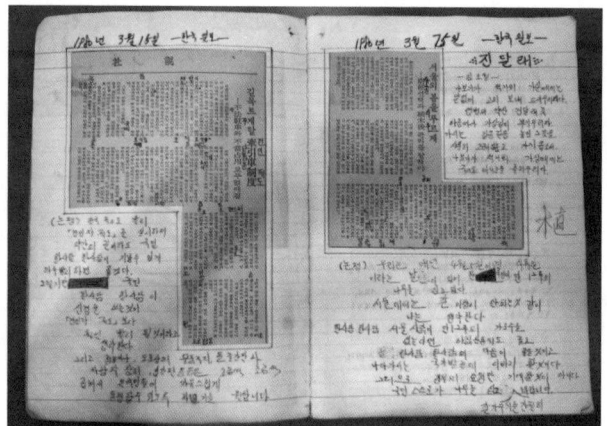

창작 노트 내용(견인차 제도 시행 등)

1부
전기인의 생각

1장

지식 충전소

1

어긋남의 미학

　예전에는 집안일은 내 일이 아니라고 생각했습니다. 아내의 일이라 여겼고, 그래서 거의 손을 대지 않았습니다. 그런데 요즘엔 피곤해하는 아내의 모습이 눈에 들어옵니다. 나이가 들면서 여태 감겨있던 눈이 떠지기라도 한 것일까요? 어느 날부터인가 설거지를 종종 하고 있습니다.
　'그깟 설거지쯤이야' 했던 일이 막상 해보니 생각처럼 쉽지 않았습니다. 세제를 쓰는 일만도 그랬습니다. 지금은 세제를 수세미에 조금 묻혀 알뜰하게 사용하지만, 처음에는 설거지 통에 세제를 몽땅 풀어 낭비하였습니다. 헹구다가 접시가 미끄러워 깨뜨린 적도 있었고, 설거지를 마치고 나서 보면 물방울이 튀어 바닥을 흥건하게 적시기도 했습니다. 나는 정성껏 씻은 그릇들을 공간도 아끼고 또 눈에 보기 좋도록, 반듯하게 정갈하게 크기별로 포개놓았고 스스로 제법 잘했다고 생각했습니다. 그런데 다음 날, 그릇들을 쓰려고 보니 그 속에 물기가 그대로 남아 있었습니다. 미처 흘러나가지 못한 물기가 마저 흘러나갈 수 있도록, 그리고 공기가 드나들어 잘 마를 수 있도록 틈을 마련해 줘야 하는데 그걸 몰랐습니다.

공간을 효율적으로 사용하고 또 아름답게 보일지 모르지만, 설거지에 하자가 발생한 것이니 제 임무를 완벽하게 해냈다고 볼 수 없었습니다. 설거지를 끝내고 그릇을 놓을 때는, 반듯하게 쌓는 게 아니라 조금 어긋나게 두어야 한다는 걸, 그래서 생긴 틈이 설거지의 화룡점정이라는 걸 알게 되었습니다.

그릇을 보다가, 사람도 같겠다는 생각이 들었습니다.
완벽하게 꽉 막힌 사람보다는, 조금 여유가 있는 사람, 틈새가 있는 사람, 허점이 있는 사람이 오히려 더 건강하게 살아갈 수 있지 않을까요? 완벽한 사람은 삶의 환기가 되지 않아 답답하게 살 수밖에 없습니다. 하지만 틈이 있는 사람은 삶에 공기가 드나듭니다. 무엇이든 완벽하게 해내려는 삶보다는, 조금은 여유 있게, 조금은 흐트러지게, 틈을 허용하며 살아가는 게 더 인간적이지 않을까요?

어긋남의 미학이라면 어떨까요?
틈이 생겨 부실하거나 잘못된 것이 아니라 일부러 틈을 두어 길을 내고 숨을 쉬고, 소통하게 되는 미학.

> ⚡ **전기인의 팁**
>
> 미성년 자녀와 함께 물기 빼는 그릇의 아이디어를 생각하시고 자녀 이름으로 실용신안 등록을 해보세요. 아주 큰 선물이 될 것입니다.
> 자녀 이름 등록 시 혜택 : 특허 출원료 등 무료, 대학 입시 특별 전형 긍정 요소 등.

2
켈로이드 피부와 문신

켈로이드 피부를 가진 사람들이 저와 아들을 포함해서 주위에 많이 있습니다.

네이버 지식백과에 근거해서 켈로이드 피부를 설명합니다.

"피부는 외부 환경으로부터 몸을 보호해 주는 중요한 기관입니다. 이러한 피부는 사소한 외상에서부터 사고나 화상, 수술 등에 의해서 상처를 입게 되는데, 피부가 한번 손상되면 흉터를 남기면서 치유됩니다. 켈로이드란 피부 손상 후 발생하는 상처치유 과정에서 비정상적으로 섬유조직이 밀집되게 성장하는 질환으로 본래 상처나 염증 발생 부위의 크기를 넘어서 주변으로 자라는 성질을 갖고 있습니다.

켈로이드의 발생 원인은 아직 명확하지 않으나 특정 사람에서만 발생하는 것으로 켈로이드 피부인 사람은 다른 사람보다 흉터가 쉽게 생기고 한번 생기면 치료가 어려우므로 상처를 당하지 않도록 조심해야 합니다. 또한 외과적 수술이나 레이저 치료 등 피부에 상처를 줄 수 있는 경우, 치료 전에 의사에게 미리 켈로이드 피부임을 알리는 것이 바람직합니다."

또 피부 묘기증도 있습니다. 피부 묘기증은 두드러기의 일종으로 물리적인 원인에 의한 두드러기입니다. 피부를 어느 정도 이상의 압력을 주어 긁거나 누르면, 그 부위에 국한되어 두드러기와 유사하게 가렵고 붉게 변하면서 부어오릅니다. 우리나라 인구의 약 5% 정도에서 나타난다고 합니다.

나는 청소년기까지도 내 피부가 특별하다는 사실을 알지 못했습니다. 직장에 들어가고서야, 가슴 부위에 가렵고 작은 돌기가 생기면서 이상함을 느꼈습니다. 단순한 피부 트러블이겠거니 생각하며 몇 달을 참았지만, 가려움은 점점 심해졌고 결국 전북대학교 병원을 찾았습니다. 그곳에서 '켈로이드 피부'라는 생소한 진단을 받았습니다.

치료는 가슴 상처 부위에 의사 선생님께서 직접 아주 천천히 조심스럽게 주사약을 투여하는데(상처 크기에 따라 다르지만 1회에 보통 5~6곳 주사) 약이 들어가면서 근육에 붙어 있는 피부를 들어 올리므로 주사가 엄청 아팠습니다. 몇 달간 주사를 맞으니 가려움이 없어지고 돌기도 작아졌습니다. 가려움과 돌기는 줄었지만, 몇 년을 주기로 다시 나타나 나를 괴롭혔습니다.

한번은 대중목욕탕에서 내 흉터와 비슷한 가슴의 상처 자국을 가진 사람을 보았습니다. 혹시 켈로이드일지도 모른다는 생각에 조심스럽게 말을 건넸습니다. "혹시 켈로이드 피부시라면 병원에서 주사 치료를 받을 수 있어요." 하지만 돌아온 대답은 예상 밖이었습니다. "칼 흉터입니다." 순간 머쓱해져 나는 조용히 자리를 피했습니다.

이후로 주변 사람들과 켈로이드 이야기를 나누다 보니, 생각보다 많은 이들이 같은 고통을 겪고 있었습니다. 어느 날엔 직원에게 "목욕탕에서 만난 아저씨의 대답이 뭐였을까요?"라며 물었는데, 돌아온 답은 다소 당황스러운 19금 농담이었고, 우리는 한바탕 웃었습니다.

　기억이 나는 또 다른 인연이 있습니다. 전기 공사 업체를 운영하며 직접 현장에서 일하는 한 여사장님입니다. 그녀는 머리부터 손발까지 온몸에 문신이 있었습니다. 그녀와 친분이 생긴 어느 날, 나는 내 켈로이드 피부를 보여주며 문신 이야기를 꺼냈습니다. 그녀도 역시 켈로이드 피부였고, 작업 중에 8m 높이의 사다리에서 추락해 전신에 큰 상처를 입었다고 하였습니다. 몇 차례의 수술과 긴 재활 치료를 거친 뒤 몸이 어느 정도 회복되어 목욕탕에 갔는데, 갈 때마다 할머니들께서 전신에 난 흉터를 보면서 걱정스럽게 물어보았다고 합니다. 한두 번도 아니고 매번 같은 걸 물어보니 짜증도 나서 흉터 부위 주위에 문신을 하였다고 합니다. 문신할 때 많이 아팠지만 재활보다는 훨씬 가벼웠다고 합니다. 전신을 문신한 후에 목욕탕에 갔는데 그 이후로는 물어보는 할머님이 전혀 안 계셨다고 합니다.

　사람에게 관심을 두지 않는 것도 문제이지만 너무 지나치게 관심을 갖는 것도 불편할 수 있습니다. 왜냐하면 하지 않아도 될 문신을 해야 했기 때문입니다.

　아들이 중학교 다닐 때 일입니다. 운동회 날, 아들이 달리기하다가 넘어졌는데 넘어진 무릎 부위가 부풀어 올라 켈로이드 피부인 줄 알았고 피부과에 가서 치료를 받았습니다.

　이 질환은 유전될 가능성이 있다는 사실을 새삼 깨닫게 되었습니다.

우리는 자녀에게 늘 좋은 것만 물려주길 바라지만, 삶은 우리의 뜻대로만 흘러가진 않는 듯합니다. 그럼에도 불구하고 나는 우리 아이들이 부모의 약함보다는 강함을, 상처보다는 회복을 더 많이 닮아가기를 오늘도 기대해 봅니다.

자녀에게 좋은 유산을 남겨주세요.

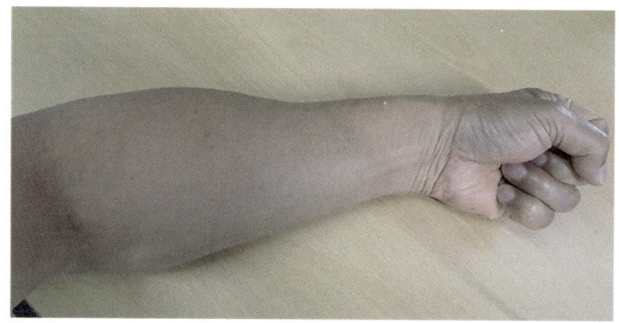

압력이 없는 경우의 사진

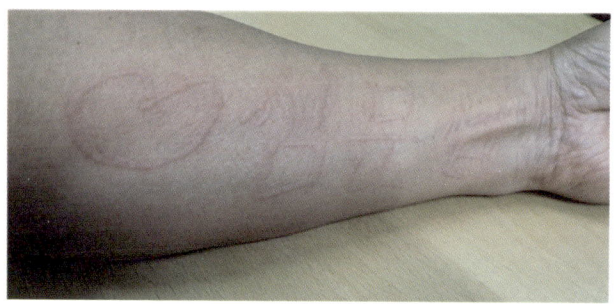

압력을 가한 피부 묘기증 사진

ID # 3

익숙한 삶 속의 작은 경고

설 명절 연휴 동안, 딸의 승용차를 타고 부모님을 찾아뵙고 친척들 모임에도 다녀왔습니다. 오랜만에 친척들과 함께 정을 나누며 바쁜 일정을 보내고, 돌아오는 길에 주유 게이지를 보니 바닥을 향하고 있어서 가까운 셀프주유소에 들렀습니다. 나는 휘발유 차를 몰고 다닙니다. 그래서 습관처럼 "가득", 그리고 "휘발유" 버튼을 눌렀습니다. 주유기를 딸의 차 주유구에 꽂고 레버를 당기는 순간, 주유기가 '툭' 튕겨 나오며 휘발유가 바닥에 흘러내렸습니다.

'왜 이러지?' 주유기 손잡이를 내려다보는 순간, "경유"라는 단어가 눈에 들어왔습니다. 아차! 딸의 차는 디젤 차량이었습니다.

뉴스에서 연료를 잘못 넣는 사례를 본 적이 있었는데, 설마 내가 그런 실수를 할 줄이야? 영수증이 출력되어 나왔고, 다행히 주유된 양은 0.4리터 정도. 대부분은 땅바닥으로 흘러내렸지만, 걱정이 앞섰습니다. 주유소 사장님께 조심스럽게 상황을 설명하니, "그 정도는 희석돼서 문제 안 됩니다." 하며 흡착포를 건네주셨습니다. 기름이 떨어진 부분을 닦은 뒤, 이번

엔 제대로 경유를 가득 넣고 무사히 집으로 돌아왔습니다.

집에 도착해 자동차 A/S를 전문으로 하는 친구에게 자초지종을 이야기 했더니, "그 정도는 걱정 안 해도 돼. 실제로 그런 사례 많아."라며 웃으며 안심시켜 주었습니다. 저녁 식사 자리에서 아내와 아이들에게 이번 주유 실수 사건을 얘기했습니다. 그러면서 말했습니다. "앞으로 남의 차는 웬만하면 주유하지 마라. 주유할 땐 꼭 연료 종류를 다시 한번 확인하자."

참고로, 일반적으로 경유 주유기의 노즐은 휘발유 차량의 주유구에 들어가지 않도록 굵게 설계되어 있다고 합니다. 하지만 반대로 휘발유 주유기는 디젤차에 들어가기 때문에, 나와 같은 실수가 발생할 수 있습니다.

이 일을 겪으며 다시 한번 인생을 배웠습니다.
삶은 종종 작은 실수 속에서 큰 교훈을 줍니다.
첫째, 좋은 습관이 중요하다.
습관대로 움직이는 손이 실수를 만들었듯이, 좋은 습관이야말로 최고의 안전장치입니다.
둘째, 행동 전에 한 번 더 생각하자.
'그냥 하던 대로'가 늘 정답은 아닙니다. 익숙함 속에서 실수가 태어납니다.
셋째, 사소한 실수는 괜찮다.
세상에 흠 없는 사람은 없습니다. 중요한 건, 같은 실수를 반복하지 않는 것입니다.

기름 몇 방울로, 인생을 배운 하루였습니다.

> ⚡ **전기인의 팁**
>
> 혹시 모를 '혼유 사고' 대처법도 함께 정리해 봅니다.
> 연료를 잘못 넣었다면,
> 1. 절대 시동을 걸지 말 것!
> 2. 바로 견인차를 불러 정비소로 이동할 것.
> 3. 연료를 완전히 제거하고, 연료탱크와 배관을 세척할 것.

4

밥과 죽 사이

아내가 오랜만에 친구들과 여행을 떠났습니다. 나는 더 오랜만에 스스로 밥을 해보게 되었습니다. 아내가 떠나기 전, 쌀을 씻어 냉장고에 넣어두었기에 나는 그 쌀을 꺼내어 어릴 적 어머님께 배운 대로, 물 높이를 손등에 맞추고 전기밥솥의 취사 버튼을 눌렀습니다.

"백미, 쿠쿠가 맛있는 취사를 시작합니다." 멘트가 나왔습니다. 15분쯤 지나자 "뜸 들이기를 시작합니다." 그리고 25분쯤 후엔 "증기 배출이 시작됩니다." 칙― 소리와 함께 증기가 나왔습니다.

드디어 30분 후, "쿠쿠가 맛있는 백미 밥을 완성했습니다. 밥을 잘 저어 주세요." 최종 멘트가 나왔습니다. 나는 기대에 부풀어 밥솥을 열어보았습니다. 그런데, 밥이 아니라 죽이 되어 있었습니다.

무엇이 잘못되었을까? 곰곰이 생각해 보았습니다.

쌀은 적은데 어린아이 손등이 아니라 어른 손등 높이로 물을 맞췄던 것. 이미 충분히 불려진 쌀이었는데 그걸 생각지 않고 물을 많이 넣은 것. 어릴 적 어머니에게 배운 방법을 그대로 적용했지만 여러 상황이 달랐던 것이었습니다.

오늘도 밥, 아니 죽을 통해 인생을 배웠습니다. "절대적인 것은 없다. 상황에 맞게, 융통성 있게 살아야 한다."

중국 고사성어 가운데 미생지신(尾生之信) 이야기가 떠오릅니다.

옛날 노나라에 미생이라는 청년이 있었습니다. 그는 융통성 없이 약속을 맹목적으로 지키는 사람이었습니다. 어느 날, 한 여인과 다리 밑에서 만나기로 약속했습니다. 약속 시간에 맞춰 그는 다리 밑으로 나갔지만, 여인은 사정이 있어 나오지 못했습니다. 그날따라 비가 많이 내렸고, 개울물이 점점 불어나기 시작했습니다. 하지만 미생은 약속 장소를 끝내 떠나지 않았습니다. 결국 물에 잠겨 그 자리에서 생을 마감했습니다.

약속을 지키는 태도는 아름답지만, 상황을 분별하지 못하는 고집은 때로 생명까지도 위협할 수 있습니다.

우리는 지금, 자신의 방식만 고수하며 살고 있지는 않은가?

타인의 시선에 귀 기울이고, 시대의 흐름을 헤아리며, 그날의 조건에 맞게 스스로를 조율하고 있는가? 융통성은 단순한 처세가 아니라, 삶을 부드럽게 만드는 지혜입니다.

5
똑똑함과 현명함

  똑똑한 것과 현명한 것의 차이는 무엇일까요? 예전에 어떤 책에서 이런 문장을 읽은 적이 있습니다. "남의 잘못이나 실수를 찾아낼 수 있는 능력이 똑똑한 것이고, 그 결점을 입 밖에 내지 않는 것이 현명한 것이다."
  맞는 말입니다. 남의 결점이나 실수를 정확히 알아채는 것도 능력입니다. 그러나 모든 사람에게는 결점이 있다는 것을 인정하고, 그 결점을 사랑으로 감싸주는 것, 그것이 바로 현명함입니다.

  오래전, 중고등부 예배 시간에 있었던 일이 생각납니다. 당시 예배 반주를 맡은 지 얼마 되지 않은 초보 반주자 학생이 반주하다가 실수를 하였습니다. 반주 경험이 없는 학생이었기에 그럴 수밖에 없었습니다. 그런데 전에 반주를 했던 학생이 그 모습을 보고 말했습니다. "쟤는 반주 연습도 안 하나 봐?" 공교롭게도 그 초보 반주자가 그 말을 들었습니다. 그날 이후로 그 학생은 다시는 반주를 하지 않았습니다. 대부분의 친구들은 반주가 틀렸는지조차 눈치채지 못했지만, 그 실수를 정확히 알아낸 그 친구는 확실히 '똑똑한' 사람이었습니다. 그러나 그 사실을 굳이 말로 꺼내어 상대방에게 상처를 입히고, 결국 그의 용기와 열의를 꺾게 한 행동은 결코 현명하지 못했습니다.

그 친구도 분명 초보 시절이 있었고 실수도 했을 것입니다. 그럼에도 불구하고 과거를 잊고 타인을 쉽게 비판하는 태도는, 똑똑함은 있어도 현명하지 못한 모습이었습니다.

우리 사회가 진정으로 필요로 하는 사람은 '현명한 사람'입니다. 현명하지 않은 똑똑함은 가정에서, 학교에서, 그리고 사회에서 갈등을 만들고, 때로는 관계를 무너뜨릴 수도 있습니다.

똑똑함과 현명함의 차이에 대해 하나를 더 생각해 봅니다.

'다시는 돌아오지 않는 시간의 소중함을 아는 것'이 똑똑한 것이라면, 그 시간을 낭비하지 않고 최선을 다해 목표를 이루는 것이 현명한 것입니다.

똑똑한 사람이 되기 위해 배우고 익히는 것도 중요하지만, 그 똑똑함이 사람을 살리는 말로, 공감과 배려로, 그리고 시간을 아끼는 행동으로 이어질 때, 우리는 진정 '현명한 사람'이 될 수 있지 않을까요?

6

종구라기*의 시간

내 나이, 어느덧 60대.

가정과 직장에서 어느 정도 여유가 생기면서, 문득 대학 입학 후부터 써온 일기장을 꺼내 읽어보게 되었습니다. 사실 매일 쓴 것도 아닌, 1달에 1~2번 정도 써온 기록들. 일기라기보다 '월기'에 가까운 글이지만, 40년을 넘게 써온 일기장이 7권이나 되었습니다.

일기장을 넘기다 보면, 그동안 잊고 있었던 삶의 장면들이 조용히 되살아납니다.

1학년 때 향토사단에 입영했던 기억, 2학년 때 28사단 전방부대에 입소하여 현역병과 함께 GOP 경계 근무를 섰던 흔적, 젊음의 한복판에서 쌓은 고민과 열정, 책을 읽고 느낀 내용을 낙서처럼 끄적이던 순간들, 군 복무 중 겪은 희로애락, 아버님의 심장병과 어머님의 골다공증, 첫 직장과 현 직장의 입사 과정, 직장생활 중 경험한 수많은 고생과 보람, 결혼 후 제주, 서울, 전주 등 10여 차례 이사하며 아이들을 키운 이야기, 그리고 단독주택을 지어 살아가는 지금의 내 모습까지. 참 바쁘게 살았습니다.

그 수많은 기록 중, 1991년 2월 27일의 일기 제목은 '종구라기'였습니다.

내 어릴 적 별명이었습니다. 당시 어머님은 매우 강한 분이셨고, 나는 어머님의 심부름을 수족처럼 도맡아 하던 아이였습니다. 친척 할머니, 외숙모, 어머니, 동네 아주머니들께서는 그런 내게 '종구라기'라는 별명을 붙여 주셨습니다.

처음에는 그 별명이 '심부름 잘하는 아이'라는 뜻인 줄만 알았습니다. 그런데 국어사전을 찾아보니 '종구라기'는 '조그마한 바가지', '물이나 액체를 세는 단위'를 뜻하는 말이었습니다. 이름 없는 사물처럼 작고 평범하지만, 어딘가엔 꼭 필요한, 누군가의 손길 안에서 사랑받던 존재. 그런 종구라기가 어느새 환갑이 지났습니다. 그 별명을 지어주셨던 분들은 이제 모두 하늘나라에 계십니다.

인생이란 긴 여행입니다. 작고 소소한 별명 하나에도 그 사람의 인생이 담겨있고, 그 별명을 불러준 사람들의 따뜻한 마음이 남아 있습니다. 사람은 결국 살다가 떠납니다. 그렇기에 살아있는 동안에는 서로를 칭찬하고, 사랑하고, 행복을 나누며 살아가야 하지 않을까요?

그리고 문득 이렇게 묻게 됩니다. 당신은 어떤 별명으로 기억되고 있나요?

* **종구라기** '조그마한 바가지'라는 뜻으로, 지역별로 종고리, 종고래기, 쫑글박, 종고랭이로 부른다.

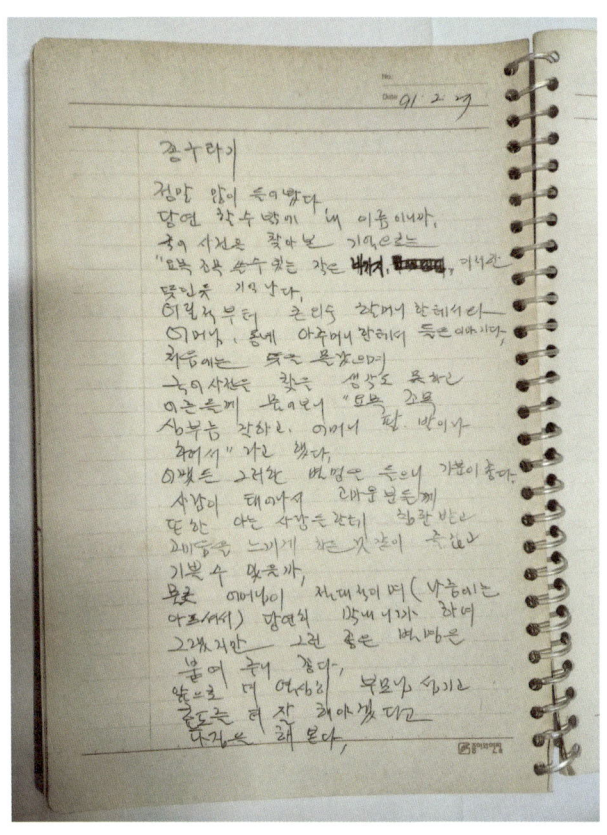

'종구라기'라는 제목으로 썼던 일기

7

나를 바꾼 큐 한 자루

나는 소심한 사람입니다. 지금도 그렇지만 어린 시절에는 더했습니다.

1971년, 전주시 조촌국민학교(현, 조촌초등학교)에 입학했습니다. 그 시절 시험지는 등사기로 복사했는데, 때로는 글자가 희미하거나 짙게 나와 보이지 않기도 했습니다. 하지만 소심한 성격 탓에 선생님께 "잘 안 보인다"고 말 한마디 못 하고, 그냥 틀릴 수밖에 없었습니다. 그런 성격은 대학에 가서도 바뀌지 않았습니다.

1983년, 대학 1학년. 그 시절의 유행은 A(alcohol), B(billiards), C(cigar), D(date)였습니다. 하지만 나는 어느 것도 즐기지 않았습니다. 자연스레 친구들과 어울릴 기회도 적었고, 1학년이 끝날 무렵엔 같은 과 친구들 중 말 한마디도 나누지 않은 친구들이 많았습니다. 또한 술집, 다방, 당구장이 왜 이렇게 많은지, '나 같은 사람만 있으면 다 망할 텐데…'라는 생각도 했습니다.

1학년 초, 고교 선배들이 클럽 전체를 빌려 공과대학 신입생 환영 미팅을 주선해 주셨습니다. 처음 해보는 미팅 자리에서 마음에 드는 여학생을 만났지만, 소심한 나는 이름만 묻고 더 이상 말을 잇지 못했습니다. 그녀는 한참 후에 조용히 자리에서 일어나 "잠깐 화장실 다녀오겠다"라고 말한 뒤, 끝내 돌아오지 않았습니다. 40년이 지난 지금, 그날 그분께 이 자리를 빌려 조용히 사과드립니다.

1학년이 끝날 즈음, '이러면 안 되겠다. 나도 변해야겠다.'라는 생각이 들었습니다. 그때 떠올린 건 당구였습니다. 직장에 다니던 누나에게 당구를 배우고 싶다고 말하자, 매달 2만 원씩 당구비를 지원해 주었습니다. 그 당시 전북대학교 앞 '자애당구장'은 10분에 100원이었기에 2만 원이면 30시간 이상 게임이 가능했습니다. 패배한 사람이 당구비를 계산했기에, 지지 않기 위해 더 열심히 연습했고, 덕분에 많은 친구들과 자연스럽게 어울릴 수 있었습니다. 2학년 때에는 내가 먼저 친구들에게 "당구 치러 가자"라고 말하였고, 재미없는 수업은 빼먹고 당구장으로 향하기도 했으며, 어느새 전기과 친구들과 대부분 친해졌습니다.

큐를 들고 빨간 공을 향해 힘차게 흰 공을 밀어내는 그 동작이, 나의 움츠러든 성격을 조금씩 앞으로 밀어내고 있었습니다. 소심했던 나를 바꾼 건, 나무로 만든 큐 한 자루였습니다.

뉴스를 보면, 종교적인 갈등, 정치적 분열, 빈곤, 질병 등 세상은 여전히 갈등과 상처로 가득합니다.

갈등과 상처로 가득한 세상을 바꿀 "큐"는 무엇일까? 생각해 봅니다.

8

알면 걱정의 밤, 모르면 평안의 밤

실수 없이 모든 일을 완벽하게 해내는 사람은 드뭅니다. 저 역시 조심하려 애쓰지만 가끔씩 실수를 합니다. 며칠 전에는 퇴근하면서 휴대폰을 회사에 두고 온 적이 있었습니다. 집에 도착하고 나서야 휴대폰이 없다는 사실을 알았습니다. 순간 당황스러웠습니다. "중요한 전화나 문자가 오면 어쩌지?" 연락처도 휴대폰에만 저장되어 있어 지인에게 전화를 걸 수도 없는 상황이었습니다. 걱정 반 불안 반, 초조한 마음이 계속 들었습니다. 하지만 시간이 지날수록 이상하게 마음이 편안해졌습니다.

"어차피 지금은 확인할 수 없으니, 연락이 와도 어쩔 수 없지." 단념이 오히려 나에게 평안을 주었습니다. 그날 밤, 나는 평온하게 잠들 수 있었습니다. 연락을 한 상대방은 답답하고 걱정도 되겠지만, 그 상황을 모르는 저는 그러지 않았습니다. '모르는 게 약'이란 말을 실감하는 순간이었습니다.

다음 날 아침 출근해서 휴대폰을 확인해 보니, 모르는 사람에게서 전화 1통, 후배에게서 5통의 부재중 전화와 문자가 있었고, 중요하지 않은 단체

톡 알림이 몇 건 와 있었습니다. 급히 그 후배에게 전화를 걸자, 그는 놀란 목소리로 말했습니다. "형님, 무슨 일 일어난 줄 알고 밤새 걱정 많이 했습니다."라며 별일 없냐고 물었습니다. 나는 퇴근 시 휴대폰을 사무실에 놓고 가서 연락을 받을 수 없었다며 미안하다고 사과했습니다. 내가 편안히 잠든 그 밤, 누군가는 나를 걱정하고 있었던 것입니다.

초중고교 시절, 우리는 교과서를 통해 박정희, 전두환 대통령을 배웠습니다. 그 속의 그들은 '경제 발전을 이끈 지도자', '스포츠와 문화의 발전을 이룬 대통령'이었습니다.

교육을 받는 동안, 나 역시 그들은 훌륭한 대통령이라고 믿었습니다. 하지만 시간이 흘러 역사를 더 깊이 알게 되었습니다. 그 화려한 경제 성장의 이면에, 민주주의가 억눌리고 시민의 자유가 짓밟혔다는 사실, 정권을 유지하기 위해 언론을 통제하고, 반대 세력을 탄압했다는 사실, 결국 그들은 발전을 이끌었지만 동시에 민주주의를 후퇴시킨 독재자였습니다.

몰랐을 때에는 훌륭한 대통령이었지만, 모든 걸 알고 보니 결코 훌륭하지 않았습니다.

내 작은 실수로 나는 평안의 밤을 보냈지만, 후배는 걱정의 밤을 보냈습니다. 하지만 평안한 것이 모두 좋은 것만은 아닙니다. 진실을 감추고 맹목적으로 좋은 모습만 내세우는 지도자가 있다면, 그 사회는 오래가지 못합니다. 눈을 감은 평안보다 눈을 뜨고 진실을 보는 힘이 건강한 공동체를 지켜줍니다. 때로는 불편하고 아프더라도 우리는 진실을 보아야 합니다. 그

것이 더 나은 내일을 만드는 첫걸음이기 때문입니다.

> ⚡ **전기인의 팁**
>
> 저처럼 휴대폰 분실 등의 경우를 대비하여 연락처 백업 방법 몇 가지를 소개합니다.
> 1. 쓰지 않는 구형 휴대폰 1대 정도에 연락처를 동기화하여 비상시 연락처 확인
> 2. (내가 사용하고 있는) 안드로이드폰의 경우:
>   가. 백업 자동 설정 방법 : 설정 - Google - 백업[백업 관리] - google one 백업 활성화(연락처 포함 확인)
>   나. 백업된 연락처 확인 방법 : 웹 브라우저에서 contacts.google.com에 접속하면 주소록에서 확인[구글 로그인]
>   다. (휴대폰 교체) 새 폰에서 연락처 불러오기: 새 안드로이드폰에서 처음 설정 시 구글 로그인 - 연락처 앱 열면 자동으로 기존 연락처가 복원됨 [만약 복원되지 않으면 : 설정 - 계정 - 구글 계정 동기화- 연락처 동기화]
>   라. 수동 백업(vcf 파일로 저장) 방법: 연락처 앱 실행 - (더 보기 표시인) 작은 직선 3개 - 연락처 관리 - 연락처 내보내기 - 내장 저장 공간으로 내보내기 - 연락처. vcf 파일을 [내 파일 / 다운로드 폴더에 저장됨] USB, 이메일, 노트북 등에 보관

9

핫 팩

　겨울철 야외 활동의 필수품 핫 팩!
　작은 주머니 속에 든 가루가 어떻게 따뜻함을 만들어낼까요? 가루형 핫 팩에는 철가루, 소량의 물, 소금, 활성탄 등이 들어있습니다.
　철은 열을 발생시키는 주성분이고, 소금과 활성탄은 화학 반응을 원활하게 돕습니다.
　비닐 포장을 뜯어 흔들면 철가루가 공기 중의 산소와 만나 산화되면서 열을 내기 시작합니다. 이 과정에서 철은 삼산화철로 바뀌며, 더 이상 반응하지 않기 때문에 핫 팩은 한 번 쓰고 나면 재사용할 수 없습니다. 그럼에도 불구하고, 오랜 시간 동안 핫 팩은 우리에게 따뜻함을 건네줍니다.

　가루형 핫 팩을 처음 사용한 것은 2016년 연말이었습니다. 박근혜-최순실 국정농단 사건으로 온 나라가 들끓던 시기, 광화문 광장에는 수많은 사람들이 촛불을 들고 모였습니다. 저 역시 전주에서 상경하여, 서울에 사는 조카들과 함께 그 역사적인 집회에 참석했습니다.

겨울의 차가운 바람 속에서, 조카가 제 손에 핫 팩 하나를 건네주었습니다.

주머니 속에서 점점 따뜻해지던 그 작은 온기가, 밤늦도록 이어지던 집회에서 나를 지켜주었습니다. 그날의 기억은 단순히 '따뜻했다'는 감각에 그치지 않았습니다. 함께 서있던 수많은 시민들의 열기, 그리고 내 손에 쥔 핫 팩의 온기가 묘하게 겹쳐지며 아직도 마음속 깊이 남아 있습니다.

이후에도 건설 현장에서 추운 날씨에 시공 상태를 점검할 때, 새벽에 바다낚시 갈 때, 저는 핫 팩을 자주 사용했습니다.

핫 팩의 열은 오래 지속되지는 않습니다. 한 번 쓰고 나면 다시는 따뜻해질 수 없습니다. 하지만 그 짧은 시간 동안, 누군가를 지켜주고 차가운 밤을 견디게 도와줍니다.

사람도 그렇지 않을까요?

추운 환경에 처한 이웃에게, 작지만 따뜻한 마음을 건네줄 수 있다면, 그 온기만으로도 누군가는 희망을 얻고, 또 누군가는 용기를 내어 어려운 시간을 이겨낼 수 있습니다.

나는 과연, 핫 팩처럼 따스함을 전하는 사람인가요?

아는 것이 힘 1

3년간 전기료 500만 원 아끼다

맛있고 건강한 요리법을 많이 알면 몸이 건강해지고 행복해집니다. 상식을 많이 알면 일상이 평안해지고, 노래를 많이 알면 삶에 흥이 나며 인기도 많아집니다. 친구가 많으면 심심할 틈 없이 인생이 즐거워집니다.

"무식은 암흑이요, 지식은 광명이다"라는 속담처럼, 아는 것이 얼마나 중요한지 우리는 잘 알고 있습니다. 지식은 곧 재산이고, 고유한 지식은 지적재산권으로 보호받습니다. 저 역시 제가 가진 전문 지식 덕분에 실제로 많은 돈을 아낀 경험이 있어 소개해 드리고자 합니다.

나이 40대 중반에 많은 사람들의 로망인 건물주(작은 상가 20평을 포함한 점포겸용 단독주택 건축)가 되었습니다. 대지 약 100평을 구입하여, 1층에는 상가와 주택을, 2층에는 우리 가족이 살 주택을 건축하였습니다. 대학에서 전기공학을 전공하였고 주택 건설 관련 전기분야 직업을 20년 이상 근무한 전문가로, 1층 상가의 전기는 상가에 적합한 일반용 최저 계약인 4kw를, 1층과 2층 주택에는 주택용 전기 계약인 3kw를 각각 신청하였습니다.

　주택이 완공된 후 상가를 직접 운영하고 싶었으나 여의치 않아서 임대를 놓았습니다. 임차인은 공방을 하였는데 인테리어 전기공사 업자가 말하기를, 계약전력 4kw는 부족하기에 20kw 정도로 용량 증설해야 한다며, 임차인 부담으로 전기용량 증설할 예정이니 건물주의 동의 확인서를 요구했습니다.(에어컨, 전기 오븐, 커피 머신 등 각종 전기기기 용량 합하면 약 20kw 예상)

　나는 임차인에게 전기 관련 업무를 20년 넘게 하고 있으니 나를 믿고 용량 증설하지 말고, 일단 4kw로 한 달간 사용해 보고, 부족하면 다음 달에 증설하라고 자세히 설명해 주었고 용량 증설을 하지 않았습니다.

　주택용 전기는 많이 쓰면 누진제가 붙어 전기 요금이 많이 나오지만, 상가에 사용하는 일반용 전기는 하루 15시간 영업 사용을 인정하므로 4kw의 경우, (4kw × 15시간/일 × 30일/월 = 1,800kwh/월) 한 달에 1,800kwh 사용량까지 누진제가 없습니다.

　설령 초과하더라도 첫 달은 초과 사실만 알려주고 다음 달부터 누진제를 부과합니다.

　소규모 상가, 공인중개사 사무소, 일반 사무실 등은 한 달 사용량이 1,800kwh를 넘지 않으므로, 이런 사무실은 4kw를 계약해도 큰 문제가 없습니다. 상가 입주자들은 자기 점포의 계약전력을 확인 후, 매월 전기 사용량을 고려하여 계약전력을 최소화하면 매월 전기 요금(1kw당 6,160원 기본요금)을 많이 절약할 수 있습니다.

　실제로 매월 사용량을 보니 1,800kwh를 넘기지 않았고, 한전에 용량 증설 신청에 따른 시설부담금과 전기 기본요금을 포함하여 임차 기간 3년 동안 임차인이 절감한 금액을 (21년 단가로) 계산해 보니 약 500만 원이었습니다.

절감 금액 근거

1. 한전에 납부할 시설부담금 : 1,620,000원

   ※ 일반용 전기는 최저 전력이 4kw이지만, 5kw까지는 한전 시설부담금이 같음

   20kw로 용량 변경 시(이미 5kw 용량 분담금 납부) 한전에 납부할 시설부담금은 아래와 같다.

   시설부담금 : (20-5)kw × 108,000원/kw = 1,620,000원

2. 3년간 추가 납부 전기 (기본) 요금 : 3,548,160원

   ※ 기본요금은 전기를 사용하든 안 하든 무조건 부과됩니다.

   20kw로 계약 용량 변경 시 16(20-4)kw가 추가되므로 전기 기본요금은 아래와 같다.

   2-1. 매월 추가 납부 전기 (기본) 요금 : 6,160원/kw × 16kw = 98,560원

   2-2. 1년 추가 납부 전기 (기본) 요금 : 98,560원 × 12월 = 1,182,720원

   2-3. 3년간 추가 납부 전기 (기본) 요금 : 1,182,720원 × 3년 = 3,548,160원

3. 총 추가 부담액 : 1,620,000원 + 3,548,160원 = 5,168,160원

(21. 1월 단가로 계산하였으며 그때 당시로 계산 시 약간 감액 예상)
전기 요금에 대해 정확히 알고 있는 나와, 나를 믿고 용량 증설을 하지 않은 임차인의 합작으로 약 500만 원을 절감하였습니다.

참고로, 일반용 전력 19kw 이하는 최대 피크전력을 계상하지 않고 있습니다.
계약전력이 20kw 이상 시 최대 피크 전력이 부과되므로 주의해야 합니다.

> ⚡ **전기인의 팁**
>
> <일반 상가의 적정 계약전력 산정 팁>
> 1~2년간 전기 사용량을 확인한 뒤,
> 가장 많이 사용한 달의 사용량 ÷ 450 (15시간 × 30일) 하면
> 적정 계약전력을 계산할 수 있습니다.
>
> 예) 최근 2년 전기 사용량 중 최대 사용량이 8월에 4,500kwh라면
> 4,500kwh/450h = 10kw이며 10kw가 적당하고 경제적입니다.
>
> ※ 적정 계약전력은 경제성을 따질 때 필요하고, 인입 간선 규격은 안전성에 필요합니다.
> ※ 전기 인입 공사 시에 간선 규격을 차후 사용량 감안하여 여유있게 하면 좋습니다.

2장

건강이 최고

1
전갈부대의 금연 정책

우리는 살면서 때때로 어리석은 결정을 내립니다. 그 순간에는 최선이라고 믿었지만, 시간이 지나면 후회하게 되는 결정들입니다.

성경에 보면 솔로몬 왕의 아들, 르호보암의 이야기가 나옵니다. 솔로몬이 죽고 그가 왕위에 오르자, 북쪽 이스라엘 사람들이 여로보암을 중심으로 "세금을 줄여달라"라고 요청합니다.

르호보암은 경험 많은 신하들과 젊은 신하들의 의견을 나누어 듣습니다. 경험 많은 신하들은 "멍에를 가볍게 해주라"라고 조언했고, 젊은 신하들은 "더 무겁게 하라"라고 부추깁니다. 르호보암은 결국 젊은 신하들의 의견을 선택했고, 그 결정으로 인해 이스라엘은 남쪽 유다와 북쪽 이스라엘로 갈라지게 됩니다. 한 사람의 잘못된 결정이 한 나라를 쪼개고, 수많은 백성들의 삶을 바꿔놓았습니다.

20세기에도 그런 일이 있었습니다. 한 독재자의 오판으로 인해 전 유럽이 전쟁에 휩싸이고, 수백만 명이 죽고 다쳤습니다. 도시는 폐허가 되었고,

인류는 깊은 상처를 입었습니다.

　아들이 군에 입대해 KCTC(육군과학화 전투훈련단, 일명 전갈 부대)에 배치되었습니다.
　KCTC는 '마일즈'라는 전자 장비를 활용한 대규모 실전 모의 전투훈련을 하는 대항군 부대입니다. 쉽게 말하면, 북한군 역할을 하며 실전처럼 훈련을 치르는 곳입니다. 훈련 종류에 따라 다르지만, 1주일 가까이 훈련하는 동안, 잠도 제대로 자지 못한 채 산속을 뛰고 구르며 가상 전투에서 살아남아야 합니다.
　이 훈련은 육체적 정신적으로 혹독하기에 훈련에 참여한 많은 군인들이 "군 생활 중 가장 힘들었다"라고 말을 합니다. 전갈 부대원들은 전역할 때까지 이 훈련을 계속하기에 많은 부대원은 발목 인대가 파열되었고, 아들도 발목 인대가 파열되어 수술을 받았습니다. 중위로 전역한 막내아들 역시 임관 후 KCTC 훈련을 받았는데, "KCTC 보다 더 힘든 훈련은 없었다"라고 말하며 형이 정말 고생 많았다고 인정했습니다.

　이 부대에서는 금연 정책을 시행했습니다. 흡연자가 금연을 하면 휴가를 준다는 제도였습니다. 좋은 의도였지만, 그 결과는 뜻밖이었습니다.
　아들은 원래 비흡연자였습니다. 하지만 힘든 훈련을 하루라도 피하고 금연 휴가를 받고 싶어 일부러 담배를 피우기 시작했습니다. 그러나 금연에 실패했고 그렇게 원하던 휴가도 받지 못했습니다. 그리고 전역한 지 9년이 지난 지금도 흡연 중입니다. 결국, 잘못된 정책 하나가 한 사람의 건강, 인생 습관, 금전적 손해로 이어지게 했습니다. 비흡연자에겐 아무런 보상이 없으니 오히려 '손해'처럼 느껴지고, 보상을 받으려 흡연자 흉내를 내다 정말로 흡연자가 되어 정책의 취지에 반하게 되니 안타까운 일입니다.

흡연은 백해무익(百害無益)입니다. 폐암, 후두암 등 건강을 위협할 뿐 아니라 금전적 손실도 큽니다. 예를 들어 하루 1갑을 피운다고 가정할 때, 1달이면 13만 5천 원, 1년이면 약 162만 원, 30년이면 4,860만 원이 연기로 사라집니다. 암을 치료하는 데 드는 육체적, 정신적 고통은 말할 필요도 없습니다. 아들은 결국 어리석은 결정을 했던 것입니다.

우리는 선택 앞에 설 때가 많습니다. 그때마다 현명한 판단을 하는 것은 쉽지 않지만, 깊이 생각하고, 장기적으로 돌아보는 지혜는 필요합니다. 지금 내가 하는 결정이 나와 우리 사회에 이롭고, 다른 사람에게는 해가 되지 않는 결정인가요?

2

금붕어에게 배운 절제의 지혜

결혼 후 20여 년간 전세와 사택을 전전하다가, 마침내 꿈에 그리던 단독주택을 직접 지어 입주하게 되었습니다. 단독주택의 장점은 말하지 않아도 알 것입니다. 마당 한 켠 텃밭에서는 무공해 상추, 깻잎, 방울토마토가 싱그럽게 자라고, 계절마다 대추, 석류, 앵두, 대봉감, 포도 같은 과일들이 열려 우리 가족의 식탁을 풍성하게 만들어줍니다.

그중에서 가장 아끼는 공간은 마당의 작은 연못입니다. 그 속에서 금붕어들이 유유히 헤엄치고, 숨어 놀며 살아가는 모습을 바라보는 것만으로도 하루의 피로가 씻겨 내려갑니다.

3년 동안 잘 자라준 금붕어들은 이미 우리 가족의 일부가 되었습니다. 어느 날, 새로운 생명을 들이고 싶어 새끼 금붕어 5마리를 데려왔습니다. 너무 작고 예뻐서, 무언가 해주고 싶은 마음에 이성을 잃고 말았습니다. 예쁜 물고기가 어서 자라기를 바라며 밥을 2~3일 간격으로 풍족히 주었습니다.

그러던 1주일 후, 충격적인 일이 벌어졌습니다. 새끼 금붕어들은 살아 있었지만, 3년을 함께한 기존 금붕어들은 배가 불룩한 채 모두 죽어 있었습니다. 물고기는 밥을 주는 대로 먹기 때문에, 절제 없이 먹이게 되면 그것이 독이 될 수 있다는 사실을 나는 그제야 깨달았습니다.

그날 이후, '풍족함'에 대해 다시 생각해 보았습니다.
풍족은 언제나 복일까?
외부적으로 보면, 내가 밥을 조금만 절제해서 주었더라면, 3년 동안 살아온 그 금붕어들은 여전히 살아 있었을 것입니다. 복이 될 줄 알았던 넉넉함이, 오히려 생명을 해치는 독이 되어버렸습니다.
고액 복권 당첨자들의 사례도 떠올랐습니다. 갑작스런 부(富)가 살인, 이혼, 파산, 가정 파탄으로 이어지는 경우가 허다하다고 매체를 통해 알았습니다. 그들에게 복권은 복이 아니라 재앙이 되었던 것입니다.
내부적으로는 절제의 문제입니다. 금붕어는 스스로 절제하지 못했고, 결국 과식을 견디지 못해 죽고 말았습니다. 우리도 다르지 않습니다. 감당할 수 있는 만큼만 받아들이고, 절제하는 능력이 결국 삶을 지켜주는 것입니다.

이 세상에 살면서 질병, 대인관계, 스트레스 같은 외부요인을 완전히 피할 수는 없습니다. 그러나 내면의 절제 능력을 키운다면, 우리는 더 단단해질 수 있습니다. 풍족한 것이 꼭 복은 아닙니다. 절제 없이 찾아온 풍족함은 때때로 파괴적인 결과를 불러오기 때문입니다.

3

혼자 떠난 여수에서 배운 3가지

　매운 음식을 즐기는 사람도 있고, 먹으면 입에 불이 나는 사람도 있습니다. 베개에 머리만 닿으면 금세 잠드는 사람이 있는가 하면, 몇 시간을 뒤척이다 겨우 잠드는 사람도 있습니다. 혼자서 영화 보고, 여행 다니고, 그것도 해외 오지까지 다니는 사람도 있고, 반대로 집 앞동산도 혼자는 잘 가지 않는 사람도 있습니다.

　저는 후자였습니다. 혼자 영화나 여행을 즐기지 않는 편이었죠. 혼자 하면 왠지 허전하고 외로울 것 같았기 때문입니다.

　몇 해 전 여름, 아내와 함께 여수로 여행을 가기로 했습니다. 호텔 예약도 이미 마쳤고, 우리는 모처럼 둘만의 시간을 기대하고 있었습니다. 그런데 여행 날짜가 아내의 코로나 백신 2차 접종 다음 날이라는 사실을 뒤늦게 알게 됐습니다. 백신 접종 후의 몸 상태가 사람마다 다르다 보니, 우리는 일단 상황을 봐가며 결정하자고 했습니다.

　당일이 되자, 아내는 심한 근육통과 두통으로 매우 힘들어했습니다. 식은땀을 흘리며 침대에 누워 있는 아내를 보며, 나는 망설였습니다.

취소할까? 나 혼자라도 갈까? 아내가 무리하더라도 같이 떠날까?

오후 늦게까지 아내 상태를 지켜보았는데 크게 호전되지는 않았습니다. 결국, 아내는 나에게 조용히 말했습니다. "내일 상태가 나아지면 기차 타고 여수로 갈게. 당신은 먼저 가서 쉬고 있어. 괜찮아."

저녁을 먹고 혼자서 차를 몰고 여수로 향했습니다. 아내는 끝내 여수에 오지 못했고, 저는 2박 3일간 여수를 혼자 여행했습니다. 혼자서 낯선 도시를 걸으며, 혼자 밥을 먹고 바다를 바라보며 많은 생각을 하였습니다.

그 여행은 제게 3가지 중요한 깨달음을 주었습니다.

첫째, 건강은 언제나 1순위입니다.

여행뿐 아니라, 모든 중요한 일에 건강이 빠지면 낙오될 수 있습니다. 아무리 좋은 의도와 완벽한 준비가 있어도, 몸이 따라주지 않으면 모든 것이 무용지물입니다. 체력 관리, 마음 관리, 미리미리 준비해야 합니다.

둘째, 스스로에게도 선물을 줄 줄 알아야 합니다.

30년 넘게 가족을 위해, 성실하게 직장생활을 해왔고, 넉넉하진 않지만 도리에 어긋나게 살지 않았습니다. 그렇다면 가끔은 혼자서도 여행할 자격이 있습니다. 누구의 허락 없이도, 스스로 위로하고 다독일 시간과 공간이 필요합니다.

셋째, 홀로 서는 연습, 지금부터 시작해야 합니다.

올 때도 혼자였고, 돌아갈 때도 혼자입니다. 결국 인생은 누구나 혼자 걷는 길입니다.

그러니 외로움을 두려워하지 말고 조금씩 홀로서기를 준비해야 합니다.

"건강관리를 잘하고 있나요?"

몸도, 마음도, 삶도 건강하게 가꾸어야 기회가 왔을 때 놓치지 않고, 진짜 의미 있는 여행을 떠날 수 있습니다.

4

한 달에 1kg

고등학교 시절부터 지금까지,

저는 40여 년 동안 65kg이라는 체중을 거의 변함없이 유지해 왔습니다. 늘 일정한 생활 습관을 지켰고, 수영과 헬스를 즐기며 건강을 챙겼기에 체중은 크게 고민할 일이 아니었습니다. 하지만 코로나19가 일상의 흐름을 멈춰 세운 순간, 제 몸도 조용히 무너져 내리기 시작했습니다. 운동을 멈춘 지 얼마 지나지 않아, 몸무게는 어느새 70kg을 훌쩍 넘어섰습니다. 거울 앞에 선 어느 날, 스스로에게 물었습니다. "이대로 괜찮을까?"

답은 분명했습니다.

다시 시작하자. 아주 작게, 그러나 꾸준히.

그날부터 기상 후 거실에서 가벼운 운동을 시작했습니다. 스트레칭으로 몸을 풀고, 푸시업과 복근 운동을 번갈아 했고, 하나의 습관을 더했습니다. '매일 체중 기록하기.'

체중계를 오르내리며 숫자를 확인하는 단순한 행동이었지만, 그 작은 기록에서 저는 흥미로운 사실을 발견했습니다.

저는 172cm, 50대 후반의 건강한 남성입니다. 측정은 늘 같은 체중계를 사용해 집에서만 했습니다.

기상 직후 : 밤새 소화 작용으로 200~300g 감소
소변 후 : 추가로 약 300g 감소
식사 후 : 평균 500g 이상 증가
가장 가벼운 시점 : 아침 식사 전 혹은 저녁 식사 전
가장 무거운 시점 : 저녁 식사 직후

결국 하루 동안 체중은 약 1kg 오르내렸습니다.
그 흐름을 지켜보며 내린 결론은 단순했지만 분명했습니다.
"저녁을 가볍게 먹는 것만으로도 체중 조절과 건강 유지에 확실한 도움이 된다."

저는 '1달에 1kg만 감량하자'는 소박한 목표를 세웠습니다. 욕심내지 않고, 무리하지 않고, 매일 아침 같은 시간에 같은 루틴을 지키며 스스로와 조용한 약속을 이어갔습니다. 그리고 5개월도 채 지나지 않아, 다시 65kg을 되찾을 수 있었습니다. 몸은 가벼워졌고, 자신감이 돌아왔으며, 무엇보다 마음이 건강해졌습니다.
이번 경험은 단순히 체중 감량의 성공이 아니었습니다. 저는 매일 체중계 위에 오르며, 숫자가 줄어드는 만큼 내 삶의 불필요한 무게도 함께 덜어내고 있음을 느꼈습니다.

큰 결심이나 거창한 목표보다, 작은 실천 하나가 더 큰 변화를 만들어낸다는 사실. 그게 이번 경험이 남겨준 가장 큰 교훈이었습니다.

혹시 지금, 변화가 필요하다고 느끼고 있나요? 그렇다면 큰 결심보다 작은 실천 하나부터 시작해 보세요. 그건 가벼운 아침 운동일 수도 있고, 저녁 식사에서 한 숟갈 줄이는 선택일 수도 있으며, 하루 몇 번 체중계에 올라보는 습관일 수도 있습니다.

작은 습관이 쌓일 때, 당신의 삶도 분명 가벼워질 수 있습니다.

5

사실만 보나요? 진실도 보나요?

'백문이 불여일견'이라는 말이 있습니다. 백 번 듣는 것보다 한 번 보는 것이 낫다는 뜻이지요. 코끼리의 긴 코와 큰 귀, 이집트 피라미드의 압도적인 규모를 아무리 자세히 설명해도, 직접 보는 것만큼 강렬하고 오래 기억되긴 어렵습니다. 그만큼 '본다'는 행위는 강력한 인식의 도구입니다. 사람들은 보아야 믿고, 보았기 때문에 안다고 생각합니다.

하지만, 과연 보는 것만이 진실일까요?

눈에 보이는 것은 사실일 수 있습니다. 하지만, 그 이면에 숨겨진 진실은 다를 수 있습니다.

우리는 종종 그 차이를 간과한 채, 너무 빨리 판단하고 말을 합니다.

공자와 제자 안회의 일화가 있습니다.

공자 일행이 며칠간 굶주리던 어느 날, 제자 안회가 어렵게 쌀을 구해 와 밥을 지었습니다.

밥이 거의 익어갈 무렵, 공자는 멀리서 안회가 솥에서 밥을 한 줌 떠먹는 모습을 목격했습니다. 잠시 후, 안회는 정성껏 밥을 지어 공자에게 올렸습니다.

공자는 그 밥을 보며 말했습니다. "이처럼 귀하고 깨끗한 밥이라면 아버님께 제사를 지내야겠구나." 그러자 안회가 고개를 숙이며 말했습니다.

"안 됩니다, 스승님. 방금 밥을 짓는 도중 솥에 재가 들어가서, 그 부분을 걷어내기 위해 제가 한 줌 먹었습니다. 이 밥은 제사에 쓸 만큼 깨끗하지 않습니다."

공자는 그제야 자신이 본 장면이 진실의 전부가 아니었음을 깨달았습니다.

제가 한 모임에서 실제로 겪었던 일 역시 이와 비슷합니다.

모임이 끝나고 지인들이 함께 모여 식사를 하던 중, 암 투병 중인 지인 한 분이 조심스레 식사를 하시고 있었습니다. 그날 밥은 콩밥이었는데, 그분은 콩을 골라내고 드셨습니다.

그 모습을 본 다른 지인분이 이렇게 말했습니다. "어린애다 어린애, 콩을 골라 남기다니."

말은 가볍게 했지만, 듣는 이는 무겁게 받아들였습니다. 투병 중인 몸 상태로는 소화에 부담을 주는 음식을 가려야 했던 절실한 선택이었습니다. 그저 침묵하며 상처를 감추는 수밖에 없었습니다.

밥을 떠먹던 안회의 행동도, 콩을 남긴 지인의 행동도 거짓이 아닌 사실입니다. 하지만 그들이 그렇게 행동한 데는 분명한 사정과 이유가 있었던 것, 바로 그것이 진실입니다.

우리는 눈앞에 보이는 사실만으로 판단하고 말하기 쉽습니다. 하지만 그 뒤에 숨은 진실을 알지 못한 채 내뱉는 말은 누군가에게 큰 상처가 될 수 있습니다.

사실은 눈으로 보이지만, 진실은 마음으로 보아야 합니다.

당신은 지금, 눈에 보이는 사실만 보고 있나요? 마음으로 진실도 보고 있나요?

6

안전거리, 그리고 마음의 거리

군산에서 근무하던 시절, 저는 전주에서 군산까지 매일 출퇴근을 했습니다. 전주와 군산을 잇는 산업도로는 통행량이 매우 많은 도로입니다. 출근 시간과 퇴근 시간에는 차들이 꽉 들어차고, 어디선가 늘 경적 소리가 울려 퍼졌습니다.

그 길을 달리면서 때때로 놀랄 정도로 위험한 상황을 자주 목격했습니다. 시속 100km로 달리면서 앞차와 5m도 채 되지 않는 거리, 심지어 2~3m 거리를 두고 달리는 차들도 있었습니다.

그 결과는 늘 같습니다. 1주일에 2~3번은 사고가 나고, 도로는 정체되고, 서두르던 누군가는 결국 멈춰야 하고, 무고한 운전자들까지 피해를 봅니다. 조금만 더 여유를 가졌다면, 조금만 더 거리를 두었다면 사고는 없었을 것입니다. 누구나 바쁘고, 빨리 가고 싶겠지만 그 조급함이 오히려 모든 걸 늦추는 법입니다.

안전거리만 지켜도 사고는 크게 줄어듭니다. 이건 단지 도로 위 이야기만은 아닙니다.

2022년 10월 29일,
서울 이태원에서 핼러윈을 즐기던 젊은이들이 몰려든 좁은 골목. 3년 만의 노 마스크 축제였습니다. 그곳에서 156명이 안타깝게 목숨을 잃었고 사상자는 300명이 넘었습니다.
뉴스를 보며 마음속에 아쉬움이 남았습니다. '조금만 간격이 있었다면….' 그보다 훨씬 더 많은 인파가 몰린 순간도 있었습니다.
2002년 월드컵 거리 응원, 2016년 광화문 촛불 집회, BTS 공연, 여의도 불꽃 축제,
하지만 그땐 왜 큰 사고가 없었을까요? 누군가는 질서를 만들었고, 누군가는 스스로의 위치를 지켰으며, 서로를 향한 배려가 거리를 만들었기 때문입니다.

안전거리란 단순한 물리적 간격이 아닙니다. 안전거리는 타인에 대한 존중입니다. 교통에서도, 사회에서도, 관계 속에서도 거리는 곧 배려이고 예의이며 지혜입니다. 하지만 세상에서 단 하나, 안전거리가 필요 없는 순간이 있습니다. 바로, 사랑하는 사람과 마주할 때, 서로의 마음을 나눌 때, 울고 웃는 감정을 함께할 때, 그때는 오히려 거리를 좁혀야 합니다.
선을 긋기보다 손을 내밀어야 할 때, 밀어내기보단 안아야 할 때입니다.

안전을 위해 적당한 거리를, 사랑을 위해 따뜻한 거리를.
지금 당신은 누구와 어떤 거리를 두고 살아가고 있나요?

7

당신의 브레이크는 무엇입니까?

현대인은 과거 조상들보다 훨씬 편리한 삶을 살아갑니다. 무더운 여름엔 냉장고와 에어컨이 있고, 안전하고 편리한 아파트가 있으며, 원하는 곳 어디든 빠르게 이동할 수 있는 자동차도 있습니다. 우리는 이제 '불편'보다 '과속'을 걱정해야 할 시대를 살고 있습니다.

자동차에는 다양한 장치들이 있습니다. 핸들, 엔진, 시트, 내비게이션, 음향시설, 타이어….

그중 가장 중요한 하나를 꼽으라면 단연 브레이크입니다. 아무리 빠르고 좋은 차라도 멈출 수 없다면 그것은 '달리는 재앙'일 뿐입니다. 빠르게 갈 수 있는 가속 장치보다 멈출 수 있는 제어 장치가 생명을 지킵니다.

우리 인생도 그렇습니다.

잘생긴 얼굴, 큰 키, 좋은 집안, 안정된 직업, 우수한 학벌, 넉넉한 재산… 이 모든 것은 인생의 가속 페달입니다. 우리를 빠르고 편하게 앞으로 나아가게 해 줍니다.

하지만 정작 중요한 건 절제할 수 있는 마음, 멈출 수 있는 힘입니다.

욕망 앞에서 한 걸음 물러날 줄 아는 용기, 화를 참을 줄 아는 인내, 내려놓을 줄 아는 지혜. 그것이야말로 우리를 지켜주는 인생의 브레이크입니다.

저에겐 부모님이 브레이크였습니다. 실수할 때마다 부모님의 따뜻하고도 단호한 말씀이 저를 멈추게 했습니다. 형님에겐 오랜 담배를 끊게 만든 외아들이 브레이크였습니다.

어느 권사님께는 신앙이 브레이크였습니다.

분노와 교만이 올라오려 할 때 말씀과 기도가 그 마음을 제어해 주었습니다.

우린 때때로 너무 빠르게 달립니다. 성공을 향해, 돈을 향해, 자극을 향해. 브레이크 없이 달리는 인생은 결국 사고로 이어져 모든 것을 잃게 됩니다.

그래서 묻고 싶습니다.

당신의 브레이크는 무엇인가요?

실패를 멈추게 하고, 파멸을 막아주고, 당신을 지켜주는 그 '브레이크'가 지금 제대로 작동하고 있나요?

8

젊게 사는 법

젊음과 나이 듦의 기준은 과연 무엇일까요? 그저 나이 숫자일까요? 어느 날 문득, 나름대로 정리해 본 '젊음의 조건'을 공유합니다.

첫 번째. 나이

적으면 젊고, 많으면 늙으신 겁니다. 기본 중의 기본입니다.

두 번째. 건강

팔굽혀펴기, 등산, 수영 등 꾸준히 운동하고 활력 넘친다면 나이에 관계없이 젊은 사람입니다.

세 번째. 러닝셔츠

입지 않으면 젊고, 입으면… 슬슬 연세가 보입니다. 아산에서 근무하던 시절, 젊은 직원들이 러닝셔츠를 입지 않는 걸 보고 깨달았습니다.

네 번째. 성향

진보적이면 젊고, 보수적이면 늙은 편입니다. 물론 인생 경험에서 나오는 보수도 존중받아야 합니다.

다섯 번째. 색깔

검은색은 젊음의 색, 흰색이나 회색은 세월의 흔적입니다. 머리카락도, 연탄도 마찬가지입니다.

여섯 번째. 도전정신

현실에 안주하지 않고 새로운 도전을 즐기는 사람은 젊게 사는 분입니다.

일곱 번째. 의지

스스로 설 수 있는 사람은 젊고, 누군가에게 의지하는 사람은 나이가 든 겁니다. 성인인데도 부모에게 의존하는 자녀는 젊다고 보기 어렵습니다.

여덟 번째. 허리띠

요즘 젊은 사람들은 허리띠를 잘 착용하지 않습니다.

아홉 번째. 활동 시간

젊은이는 밤에 활발하고, 연세 드신 분들은 새벽이 좋습니다. 여수에서 새벽 산책하시는 어르신들을 보며 답을 확인하였습니다.

열 번째. 열정

열정이 있으면 젊고, 식어버리면 늙은 겁니다. 열정은 나이를 뛰어넘는 에너지입니다.

열한 번째. 체온

몸이 따뜻하면 젊고, 차가우면 늙은 겁니다. 성경에서도 다윗왕이 나이 들어 몸이 차가워졌다는 이야기가 있습니다. 마음이 따뜻한 사람은 젊게 살고 계십니다.

열두 번째. 경험

경험이 부족하면 젊고, 경험이 많으면 노숙합니다.

열세 번째. 여행 스타일

젊은이들은 자유여행을 즐기고, 패키지여행이면 어르신입니다.

열네 번째. 굵기

젊을 때는 머리카락도 굵고 오줌발도 굵습니다. 나이 들수록 가늘어집니다.

열다섯 번째. 커피 취향

젊은이들은 프랜차이즈 원두커피를 즐기고, '양촌리 커피'를 선호하면 연륜이 느껴집니다.

열여섯 번째. 생산력

젊을 때에는 자녀를 생산할 수 있고, 늙으면 멈추게 됩니다.

열일곱 번째. 틈과 여유

젊을 땐 바쁘고 빽빽하지만, 나이 들면 틈이 생기고 여유가 생깁니다. 머리카락, 치아, 옷, 시간….

열여덟 번째. 흘림

밥도 흘리고, 말도 흘리고, 소변도 흘리고… 흘리는 일이 많아지면 나이 든 증거입니다.

열아홉 번째. 속도

빠르면 젊고, 느리면 나이 든 겁니다. 말, 기도, 식사, 회복 속도까지도…

스무 번째. 꿈

마지막이자 가장 중요한 기준입니다. 꿈이 있으면 젊고, 꿈이 없으면 늙은 겁니다.

92세에 시를 쓰기 시작해 98세에 첫 시집 『약해지지 마』를 출간한 일본의

시바타 도요 할머니.

그 시집은 6개월 만에 75만 부가 팔렸습니다.

분명 나이로는 어르신이셨지만, 그분은 누구보다 젊게 살아간 분입니다.

왜냐하면, 꿈이 있었기 때문입니다.

당신은 지금, 어느 항목에서 젊고, 어디에서 늙으셨나요?

그리고, 당신의 꿈은 무엇인가요?

9

사랑과 양심의 대한민국

1984년, 운전면허를 땄습니다. 1992년, 첫 차를 구입했고, 지금까지 30년이 넘는 세월을 운전하며 살아왔습니다.

저의 운전 철학은 늘 같았습니다. 경제적 운전, 방어 운전, 그리고 무엇보다 안전 운전.

초보 시절, 코너 감각이 부족해 길가에 주차된 차량을 살짝 긁은 적이 한 번 있었습니다. 20만 원을 물어주고는 며칠간 깊이 반성했습니다. 그것이 제가 낸 유일한 사고였습니다. 그 후로도 몇 번, 뒤차가 제 차를 '쿵' 하고 받은 가벼운 접촉사고가 서너 번 있었는데 "죄송합니다"라는 말 한마디면 충분했습니다.

저는 용서했고, 그게 사람이 사는 도리라고 생각했습니다.

운전 20년이 지나서야 처음으로 제대로 된 교통사고를 겪었습니다.

비 오는 날, 이면 도로의 교차로에서 일어난 일이었습니다. 저는 왕복 2차로(편도 1차로) 도로를 천천히 달렸고, 상대는 택시로 왕복 3차로에서 진입 중이었습니다. 제가 먼저 교차로에 진입했고, 좌측에서 오는 택시를 보고 정지했습니다. 그런데, 빗길에 미끄러진 택시가 제 차량 좌측을 살짝 받았습니다. 택시 기사는 바닥이 미끄러워 받았다며 미안하다며 고개를 숙이며 사과했습니다. 저는 보험사에 신고했고, 택시회사 사고 처리 담당자와 제 보험사 직원이 현장에 도착했습니다.

그리고, 믿기지 않는 이야기를 들었습니다. "3차로 차량이 우선이라 당신이 비록 받혔어도 과실이 더 큽니다." 블랙박스에는 제가 정지한 모습이 명백히 찍혀 있었고, 택시가 와서 받은 것이었지만 경험이 부족했기에 그들의 말을 믿을 수밖에 없었습니다.

게다가 택시 기사는 병원에 입원했고, 제 보험사 직원은 이렇게 말했습니다. "안 다치셨어도 입원하셔야 이득입니다." 하지만 저는 그렇게 할 수 없었습니다. 살짝 접촉하였기에 전혀 아프지도 않았고, 그건 양심이 허락하지 않았습니다. 결과는 냉정했습니다. 제 보험료는 몇 년간 오르고 보험 혜택도 줄었습니다.

그리고 지금도, 문득 생각이 납니다. "정말 그 사고에서 내가 가해자였을까?"

두 번째 사고는 더 큰 사고였습니다.

출근길, 녹색 신호를 받고 교차로를 지난 직후, 좌측에서 중앙선을 넘어온 차량이 제 차 좌측을 강하게 들이받았습니다. 차량은 크게 파손되었고, 타이어가 많이 돌아갔습니다.

상대 운전자는 "출근이 급해서…"라며 고개를 떨궜습니다. 보험사 직원은 블랙박스를 보고 "100% 상대 과실입니다."라며 확인해 줬고, 상대 보험사에서는 "부디 경찰에 신고하지 말아 달라"라며 부탁했습니다.

중앙선 침범은 중대 과실이니 가해자가 벌금과 벌점 등 큰 피해를 본다는 이유였습니다.

저는 생각 끝에 경찰에 신고하지 않았고, 병원에서 진찰만 받고 이렇게 말했습니다. "집 근처의 좋은 교회에 한번 나가보세요."

그리고 용서했습니다. 보험사로부터 받은 보상은 진찰비 포함 158,000원. 물론 입원도 하지 않았습니다.

2번의 사고를 겪으며 깨달았습니다.

보험 제도는 허술했고, 사람들은 제도를 악용하기도 했습니다. "누우면 이득"이라는 말,

"거짓이라도 아프다 해야 보상받는다"는 말,

그 모든 말 앞에서 저는 그냥 고개를 저을 수밖에 없었습니다.

양심을 지키는 것이 손해가 되는 세상. 하지만 사람답게 살고 싶었습니다.

상대의 실수를 넓은 마음으로 용서하며, 정직함이 행동과 판단의 기본이 되는 세상을 오늘도 조용히 꿈꿔봅니다.

아는 것이 힘 2

150만 원의 문제를
3만 원으로 해결하다

    꿈에 그리던 단독주택을 짓고 입주한 지 몇 년이 지나자, 하나둘씩 하자가 생기기 시작했습니다. 리모컨 스위치가 작동하지 않고, 조명이 들어오지 않았으며, 옥상엔 크랙이 생기고, 거실 중문은 점점 열고 닫기 어려워졌습니다. 하자 내용 중 할 수 있는 건 직접 고치고, 안 되는 것은 전문가를 불러 처리했습니다.

    하지만 중문은 급한 일이 아니다 보니 "다음에 하지 뭐…" 하며 계속 미뤘습니다.

    여름에 에어컨을 틀었는데 시원함이 새어나가고 겨울엔 난방도 효과가 떨어졌습니다. 잘 열리지도 닫히지도 않는 중문 때문이었습니다. 이제는 정말 손봐야겠다는 생각이 들었습니다.

    몇몇 업체에 문의해 보니, 중문만 교체하면 문틀과 맞지 않을 수 있으니 함께 교체해야 한다며 문틀과 중문 교체에 약 150만 원이 든다고 했습니다. 여러 곳에 견적을 받아보며 고민을 거듭했고, 합리적인 업체와 계약 직전, 마지막으로 지인을 통해 중문 전문가 한 분에게 자문을 구했습니다.

그분은 중문 하부에 있는 레일 바퀴(속칭 '호차')가 문제라고 알려주었습니다. 무거운 중문을 부드럽게 여닫게 해주는 이 작은 바퀴가 오랜 시간 사용하면서 파손되었다는 것이었습니다. 바로 인터넷으로 중문 호차를 6개 구입했고, 배송비 포함 총 33,000원이 들었습니다.

아들과 함께 직접 호차를 교체했는데, 호차 하나 교체하는 데 1분이 채 걸리지 않았으며, 전체 작업 시간은 약 10분에 불과했습니다. 호차를 교체하니 놀랍게도 중문은 새것처럼 부드럽게 열리고 닫혔습니다.

150만 원 들여 중문과 문틀을 새로 설치할 뻔한 상황에서 단돈 3만 원 남짓으로 문제를 해결하니 기분이 날아갈 듯 기뻤습니다. 게다가 멀쩡한 중문을 버리지 않아도 되니 환경 보호에도 기여한 셈이었습니다.

그날 이후, 제 머릿속에 선명하게 새겨진 한 문장이 있습니다. "아는 것이 힘이고 돈 버는 길이다!"

살면서 "모른다는 이유"로 많은 돈을 쓰는 일이 생각보다 많습니다. 하지만 조금만 더 알아보고, 조금만 더 귀 기울이면 지출을 줄이고 만족을 높일 수 있습니다.

이번 중문 수리는 단순한 고장이 아니었습니다. 알아보고, 실천하고, 만족한 경험이었습니다. 그리고 저는 또 하나의 삶의 지혜를 얻게 되었습니다.

원활한 중문 개폐를 방해한 우리 집 호차

3장

지혜는
행복의 영양소

1

나는 자랐고, 세상은 작아졌다

나는 어릴 적 시골에서 자랐습니다. 집에서 국민학교(지금의 초등학교)까지의 거리는 3km가 넘었습니다. 논길을 따라 짧은 다리로 꼬불꼬불 걷다 보면 1시간이 훌쩍 지나 있었습니다. 어린 눈으로 본 집에서 학교까지의 거리는 그야말로 멀고도 먼 길이었습니다.

그런데 훗날 어른이 되어 그 길을 다시 걸어보니, 생각보다 멀지 않았습니다. 그 길의 거리가 짧아진 것이 아니라, '나'라는 사람이 자라 있었던 겁니다.

1983년, 고등학교를 졸업하고 대학에 입학했을 땐 마치 자유를 통째로 얻은 사람 같았습니다. 상고머리에 교복과 까만 운동화를 신었던 시절을 지나, 이제는 장발도 허용되고, 파마머리도 가능했습니다. 사복을 입고 구두를 신고, 거리를 자유롭게 걸었습니다. 대학 초창기엔 캠퍼스에 예비군복을 입고 수염도 깎지 않은, 햇볕에 그을린 얼굴의 '형님'들이 몇 명 있었습니다. 군대에 다녀온 예비역 학생들이었습니다. 현역인 우리 눈엔 그들의 모습이 왠지 폭삭 늙어 보였습니다.

그런데 세월이 흘러 대학을 졸업하고 군대를 다녀온 후에 예비역 대학생들을 보니, 예전에 생각한 늙은이가 아니라 너무 어리게 보였습니다. 집에서 학교까지의 거리도, 예비역 형님들의 모습도, 사실은 크게 달라진 게 없었습니다. 다만, 그걸 바라보는 내가 자라 있었던 것입니다.

삶도 마찬가지입니다. 내가 자라고, 단단해지면 두려움은 자연스레 작아집니다. 별명이 '맥주병'인 친구는 물이 무섭지만, 별명이 '물 찬 제비'인 친구는 물속을 즐깁니다. 연약한 여성은 밤길이 무섭지만, UFC 선수는 밤길이 두렵지 않습니다. 코로나19도 마찬가지였습니다. 처음엔 온 세상이 마비될 만큼 무서웠지만, 백신이 생기고, 치료제가 생기고, 우리가 예방수칙에 익숙해지자 그 크고 무서웠던 존재도 어느새 작게 느껴졌습니다.

우리는 지금, 두려움을 느끼지 않을 만큼 성장했나요?

2
스롱 피아비와 삶의 각

2019년 초, 직장 인사발령으로 인천에서 주말부부 생활을 하였습니다. 숙소에서는 잠만 자고 아침 일찍 나와서 헬스장에서 운동과 샤워 후에 사무실로 출근하였습니다. 매일 간단한 스트레칭으로 몸을 푼 뒤, 근력운동 3~40분, 유산소 운동 30분으로 운동을 마감하였습니다. 러닝머신 앞에 TV가 있어 TV를 보면서 운동을 즐겼습니다. 어느 날 KBS 1TV 〈인간극장〉 프로그램을 보게 되었습니다.

마침 캄보디아에서 한국으로 시집을 온 '스롱 피아비' 편이 방영되고 있었습니다. 피아비는 한국에 시집올 때까지 당구를 몰랐으며, 결혼 후에 남편을 따라 처음으로 당구장에 갔습니다. 남편의 권유로 당구에 입문하였고, 당구의 재능을 발견하였습니다. 하루 12시간 이상 연습하는 노력 끝에 데뷔 1년도 안 되어 국내 1위, 데뷔 2년 차에는 세계 랭킹 3위까지 올랐습니다. 나도 대학 2학년 때에 당구를 배웠고 단숨에 150점까지 실력을 올렸습니다.

당구에서 쓰리쿠션과 가락이 있는데, 이는 당구대를 3번 맞추고 공을 맞히는 것으로 고난도 기술입니다. 가락을 잘 치기 위해서는 각(친 공이 돌아다니는 경로)을 잘 잡아야 합니다. 각을 잡을 때에는, 공이 맞는 당구대 역순(3번째 맞는 당구대 각 잡고, 2번째 맞는 당구대 각 잡고, 첫 번째 맞는 당구대 각을 잡음)으로 계산을 하게 되면 정확합니다.

이 원리는 당구뿐 아니라 우리 인생에도 적용할 수 있습니다. 특히 '약속 시간'을 지키기 위한 준비에 매우 유용합니다. 사람은 살면서 많은 약속을 하는데, 어떤 사람은 약속 시간에 늦지 않고 일찍 오거나 정확하게 지키는데, 어떤 사람은 꼭 10~20분씩 늦습니다. 약속 시간에 맞추려면 당구 가락 각 잡는 것처럼 역순으로 하면 정확합니다. 약속 시간 10분 전에 도착하려면 가는 데 걸리는 시간 몇 분, 그럼 출발은 몇 분, 준비하는 시간 몇 분, 그럼 기상은 몇 분….

이렇게 역순으로 준비하면 (예기치 못한 돌발 상황 제외) 절대 늦지 않습니다. 미리미리 준비하여 늦어서 거짓말로 핑계 대는 일은 없어야 하겠습니다.

이처럼 인생의 여러 부분에서 '미리 준비하는 습관'은 매우 중요합니다. 약속뿐만 아니라 각종 시험, 건강, 노후대책도 미리 준비가 필요합니다.

여러분은 오늘 어떤 미래를 위해 준비하고 있나요?

3

내가 진짜 빼야 할 점

나는 시골에서 자랐습니다. 어릴 적부터 자연 속에서 뛰놀며 자란 덕에, 늘 바깥에서 햇볕을 온몸으로 받았습니다. 축구, 구슬치기, 막자치기(비석치기), 나이 먹기, 수레미 댕깡(오징어 게임) 등, 하루도 집 안에 있질 않았습니다. 그렇게 까무잡잡하고 거칠어진 얼굴은 나의 성장 배경을 그대로 말해주고 있었습니다. 어른이 되어서도 별반 다르지 않았습니다. 등산이든 족구든, 야외 활동을 하면서도 선크림이나 모자 따위는 거들떠보지 않았습니다. '남자니까 괜찮아.' 그런 식으로 스스로를 위로하며 살아왔습니다.

그러던 어느 날, 우연히 디지털카메라로 찍은 내 얼굴을 컴퓨터 모니터로 보게 되었습니다. 화면 가득 크고 작은 점들이 얼굴 전체를 덮고 있었습니다. 깜짝 놀란 나는 그동안 무시해 오던 점을 빼기로 결심했습니다. 수소문 끝에 전주시 송천동에 있는 'ㅇㅇ의원'이 유명하다는 이야기를 들었습니다. 다른 병원은 점 하나당 비용을 받는 데 반해, 이곳은 얼굴 전체를 기준으로 10만 원이라는 비교적 합리적인 가격으로 시술을 해준다고 했습니다.

단, 워낙 소문이 나 있어 최소 2주일은 예약 후 기다려야 했습니다.

드디어 예약한 날, 병원을 찾았습니다. 얼굴에 마취 크림을 바르고 시술에 들어갔습니다. '따끔하다'는 얘기만 들었는데, 그보다 훨씬 더 뜨거운 고통을 느꼈습니다. 윽— 윽— 신음이 터져 나왔고 몸을 비틀었습니다. 하지만 2~3분이 지나자 점차 열감에 익숙해졌고, 이후 50분 동안은 비교적 편안하게 시술을 받을 수 있었습니다.

그날 집으로 돌아오는 길, 문득 이런 생각이 들었습니다. '얼굴의 점은 이렇게 돈을 주고, 시간을 내어 없앨 수 있었지만, 마음속 점은 어떻게 해야 지울 수 있을까? 욕심의 점, 불평불만의 점, 나태의 점, 교만의 점….

그 점들은 남의 눈에 잘 보이지 않지만, 내 삶의 표면을 더럽히고 있다는 걸 잘 알고 있었습니다.

나는 지금 무엇을 지워야 할까?
내가 진짜 **빼야** 할 점은 무엇일까?

4

흰머리와 초심

사람은 나이를 먹을수록 여러 가지 변화를 겪게 됩니다. 가장 먼저 느껴지는 건 눈입니다. 눈이 침침해지니 가까운 곳의 작은 글씨는 잘 보이지 않고, 책을 읽다 보면 자꾸만 돋보기에 손이 갑니다. 기억력도 예전 같지 않아 방금 한 일도 까맣게 잊어버리기 일쑤입니다.

거울을 보면 눈에 띄는 변화도 있습니다. 머리카락이 가늘어지고 빠지더니, 어느새 흰머리가 보이기 시작합니다.

그런데 문득 궁금해졌습니다.

'흰머리는 어디서부터 희어질까?' 모근(毛根)부터일까, 아니면 끝부분부터일까? 아니면 머리카락 전체가 한꺼번에 희어지는 걸까? 제 흰머리를 직접 뽑아본 몇 차례 시험 결과, 머리카락 끝부분부터 서서히 희어진다는 걸 알게 되었습니다.

흰머리는 나이 듦의 상징처럼 여겨지고, 많은 이들이 이를 감추기 위해 애씁니다. 검은색으로 염색을 해보지만 며칠 지나면 다시 드러나고, 계속

염색을 반복하는 것도 건강에 좋지 않다는 말이 많습니다. 그렇다고 흰머리가 날 때마다 일일이 뽑는 것도 쉽지 않습니다. 그래서 저는 작은 해결책을 제시하고 싶습니다.

흰머리를 무작정 뽑지 말고, 끝부분부터 흰 부분만 잘라주는 것입니다. 모근 가까이는 남겨두고, 눈에 띄는 흰 부분만 가위로 잘라주는 방식입니다. 몇 주가 지나 또 흰머리가 보이면, 다시 같은 방식으로 잘라줍니다. 이렇게 하면 흰머리를 자연스럽게 숨기며 관리할 수 있습니다.

하지만 머리색만 변하는 것이 아닙니다.

세월이 흐르면 검은 머리카락은 흰머리로 변하고, 사랑도, 권력도 변할 수 있습니다. 사랑으로 맺어진 부부가 서로에 대한 믿음과 애정이 식으면 가정이 무너집니다. 이 나라에 민주주의의 씨앗을 뿌렸던 이승만 대통령도 그 초심을 잃고 말년에 타국에서 생을 마감했습니다.

세상 모든 것이 변해가는 가운데, 우리가 반드시 지켜야 할 단 한 가지가 있습니다.

바로 초심(初心)입니다.

흰머리는 서서히 변하지만, 초심은 어느 순간 잊혀집니다.

그 작고도 단단한 마음을 지키는 것. 그것이 나를 지키고, 가정과 국가를 지키는 큰 힘이 됩니다.

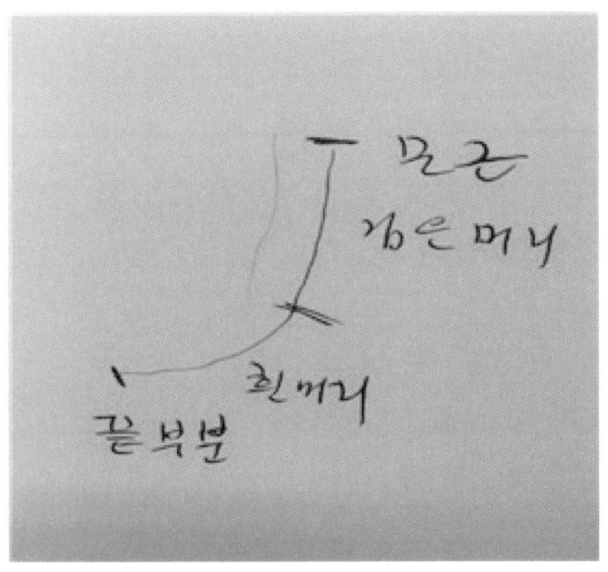

정답을 알려 준 나의 머리카락

5

낚시에서 배운 삶의 교훈

　어느 날, 친구에게서 바다낚시를 같이 가자는 연락을 받았습니다. 나는 낚시 경험이 적었습니다. 학교 다닐 때 운암 저수지에서 딸랑딸랑 복고 낚시를 해본 것과, 직장 부서 행사 때 몇 번 간 것이 전부였습니다.
　그날 새벽, 우리는 군산시 신시도에서 보트를 타고 문어를 잡으러 비안도로 향했습니다. 보트 주인은 낚시 전문가였고, 친구도 경험이 많았습니다. 그 전문가가 낚시 요령을 자세히 알려주었습니다.
　"이 루어라는 물고기 모양 가짜 미끼를 낚싯줄에 달고, 봉돌을 바다까지 내린 다음 10cm 정도 들었다 내렸다 하다가, 문어가 루어를 움켜줄 때 낚아채면 됩니다." 나는 그 말대로 낚싯대를 올렸다 내렸다 하며 문어가 입질하는 느낌이 오면 낚아채어 문어를 잡기 시작했습니다. 문어를 통에 담고 다시 낚싯대를 내리자마자 또다시 입질이 왔습니다. 문어를 계속해서 잡았고, 낚싯줄이 낚싯대와 얽혔는데 너무 흥분하여 그걸 모르고 릴을 감다가 결국 낚싯대가 부러졌습니다.
　우리는 비안도, 무녀도, 장자도, 관리도, 말도, 야미도 등 여러 섬으로 옮겨 다니며 문어를 잡았습니다. 하선할 때 각자 잡은 문어를 세어보니 놀랍게도 가장 많이 잡은 사람은 초보인 '나'였습니다. 한 달 뒤 또 문어 낚시를 하러 갔는데, 이번에도 내가 독보적으로 많은 문어를 잡았습니다. 친구와 보트 주인은 나에게 '어복이 있다'며 인정해 주었습니다. 문어를 분배할 때 내가 먼저 "같이 나누자"라고 제안했고, 내 몫을 넉넉히 베풀었습니다.

며칠 뒤 광어와 우럭을 잡으러 관리도로 갔고, 미끼는 생새우였습니다. 보트 주인과 친구는 크고 좋은 횟감을 많이 잡았지만, 나는 생새우를 물고기에 계속 헌납하고 횟감 크기는 한 마리도 잡지 못했습니다. 낚시를 마치고 회를 떠서 나눌 때, 친구는 내 몫까지 똑같이 챙겨주었습니다.

'내가 먼저 베풀면 나중에 더 크게 돌아온다'는 진리를 다시 한번 배웠습니다.
당장 눈앞의 이익을 좇기보다, 희생과 배려의 삶을 살고 있는지 묻습니다. 그 답이 바로 삶의 정답이니까요.

첫 출항 시 잡은 문어

6

10m에서 배운 겸손

TV로 올림픽 양궁 경기를 보았습니다. 우리나라 선수들이 과녁 정중앙인 10점을 쏘면 환호했지만, 6점이나 7점을 맞히면 실망스러운 한숨이 나왔습니다. "밥만 먹고 활만 쏜다면서 그 정도밖에 못하나?" 흥분한 마음에 그런 말도 했습니다.

다행히 우리 선수들은 결승전에서도 승리하여 결국 금메달을 목에 걸었습니다. 늘 그랬듯, 한국은 양궁에서 강한 면모를 보였습니다. 한국 양궁의 저력은 실력 있는 선수층뿐 아니라 파벌 없는 공정한 선발 과정, 그리고 고난도 훈련 속에서 비롯됩니다. 그래서 '올림픽에서 금메달 따는 것보다 국가대표 되는 게 더 어렵다'는 말이 있을 정도입니다.

1988년 서울올림픽부터 시작된 단체전에서, 한국 여자 대표팀은 2024년 파리 올림픽까지 단 한 번도 놓치지 않고 금메달을 땄습니다. 남자 대표팀 역시 개인전과 단체전에서 수많은 메달을 획득해 왔습니다.

김경욱 선수가 카메라를 두 번이나 깨부순 1996년 애틀랜타 올림픽, 안

산 선수가 꽂힌 화살을 다시 맞힌 2020년 도쿄 올림픽은 전설처럼 회자됩니다.

얼마 전, 친구들과 순창 채계산으로 가을 산행을 갔다가 오는 길에 오수 국제 양궁장을 방문했습니다. 선수 출신 강사의 지도 아래 10m 거리에서 직접 활을 쏘는 체험을 했습니다. 생각보다 표적 중앙을 맞히는 것이 결코 쉽지 않았고, 화살은 자꾸 빗나갔습니다. 가슴이 철렁했습니다.

'밥만 먹고 활만 쏜다'며 쉽게 내뱉었던 그 말이 떠올랐고, 부끄러움이 밀려왔습니다. 나는 10m 거리에서도 제대로 쏘지 못했는데, 선수들은 70m 거리에서, 바람과 주변 환경까지 고려해 가며 과녁의 정중앙을 맞히고 있었습니다. 그건 단순한 기술이 아니라, 집중력과 인내, 수만 번의 훈련이 만들어낸 기적이었습니다.

그제야 깊이 깨달았습니다. "직접 겪지 않은 일을, 직접 서보지 않은 자리에 있는 사람을, 함부로 평가하거나 비난해서는 안 된다."
이제 스스로에게 묻습니다. 나는 과연, 상대방의 입장을 이해하고 있는가?

오수 국제 양궁장 체험

7

네가 왜 거기서 나와?

작년 여름, 사무실에서 근무 중이던 어느 날이었습니다. 갑자기 여직원이 깜짝 놀라며 소리를 질렀습니다.

"쥐다!" 모두가 당황해할 때, 귀신도 잡는다는 해병대 출신의 젊은 직원이 용감하게 나서 귀신이 아닌 쥐를 단숨에 처단해 버렸습니다.

우리 사무실은 공원과 인접해 있습니다. 아카시아 나무, 토끼풀, 온갖 수풀이 무성한 곳이다 보니 여름이면 송충이도 자주 출몰합니다. 쥐가 공원이나 헛간에 머물렀다면 어쩌면 장수(?)했을지 모릅니다. 하지만 들어오지 말았어야 할 사무실로 들어오는 바람에 그 생을 짧게 마감했습니다.

송충이도 마찬가지였습니다. 나무에 매달려 있거나 땅에 있을 때는 대부분 그냥 지나칩니다. 하지만 사무실 안에서 발견되는 순간, 생명을 유지하지 못합니다.

물론 그런 존재들조차 죽이지 않고 조심스럽게 밖으로 유도하는 이도 있습니다. 그러나 대부분은 망설임 없이 신속하게 처단합니다.

그 모습을 보며 문득 생각이 스쳤습니다.

쥐나 송충이뿐일까요? 사람도 마찬가지입니다. 자기 자리를 지키고 있으면 평안하고 안전합니다. 하지만 욕심을 내어 들어가서는 안 될 공간으로 들어가거나 넘어서는 안 될 선을 넘으면 그 대가를 치르게 됩니다.

고액의 로또 당첨자들 중엔 인생이 망가진 경우가 많습니다. 사랑하는 가족과 건강을 잃고 폐인처럼 살거나 스스로 생을 마감한 경우도 드물지 않습니다. 평범한 삶을 살았다면 겪지 않았을 시련들이, 자리를 넘는 순간 찾아왔습니다.

요즘 스스로에게 이런 질문을 던집니다.

"지금 내 자리를 잘 지키며 살고 있는가?", "혹시 분수를 넘고 있지는 않은가?"

삶의 평안은, 결국 '자리'에서 시작됩니다. 자기 자리를 아는 사람, 그 자리를 지키는 사람에게 주어지는 것입니다.

8

반쪽짜리 배려 말고 진짜 배려를

벌써 오래전 이야기입니다. 등산을 하든, 밭일을 하든, 족구를 하든 선크림 하나 바르지 않고, 모자도 없이 말 그대로 '수수하게' 살았습니다. 그런데 우연히 디카로 찍은 내 얼굴을 컴퓨터 모니터로 본 순간, 온통 검은 점을 보고 깜짝 놀랐고 '점을 빼야겠다' 마음을 먹었습니다. 그래서 유명한 의원을 찾아가 50분 동안 얼굴 점을 뺐습니다.

며칠 뒤, 일요일 아침.
얼굴을 보호하겠다는 다짐과 함께 선크림을 꼼꼼히 바르고 교회에 갔습니다. 그런데 집에서는 몰랐던 것이 밝은 교회 조명 아래서 선명히 드러났습니다. 하얗게 뜬 얼굴. 선크림 자국이 얼굴 곳곳에 선명했습니다.
권사님, 집사님들은 다른 말 없이 평소처럼 인사를 나눴습니다.
하지만 유치부 아이들은 달랐습니다. "집사님, 얼굴이 왜 그래요?"
내가 좋아하는 예찬이와 예성이도 한마디 했습니다. "얼굴이 추워서 얼었나 봐요."

그 말에 나는 웃으며 말했습니다. "예성이가 따뜻하게 녹여줘~"

그러자 예성이는 입으로 '호~' 불면서 작은 손으로 내 볼을 조심스레 만지며 "녹아라~ 녹아라~" 주문을 외웠습니다.

그날 오후, 잠시 생각해 봤습니다.

어른들은 내 얼굴이 이상해 보여도 아무 말도 하지 않았습니다. 그건 아마 내가 상처받을까 봐 조심스레 배려해 준 것일지도 모르겠습니다. 그 배려에 고마움을 느꼈습니다.

반면 아이들은 생각 없이 느낀 대로 말합니다. 그런데 아이들의 솔직함 덕분에 나는 웃을 수 있었고, 다음엔 선크림을 더 잘 펴 바르겠다고 배울 수 있었습니다.

생각해 보면, 어른들의 '말하지 않는 배려'는 따뜻하지만, 그것이 '뒤에서 하는 이야기'로 이어진다면 오히려 아이들보다 못한 행동이 될 수 있습니다. 아이들의 솔직함은 때때로 우리를 성장하게 해 줍니다. 그러나 어른들의 뒷말은 고칠 수 있는 기회도 주지 않고 마음을 다치게 합니다.

누군가의 실수를 보았을 때 그가 상처받지 않게 조심스럽게 말해주든지, 아니면 끝까지 침묵하는 것, 그것이 진짜 배려 아닐까요?

예전에 읽은 책 속 문장이 문득 떠오릅니다.

"남의 실수를 알아내는 것이 똑똑한 것이고, 그 결점을 입 밖에 내지 않는 것이 현명한 것이다." 말하지 않아도 배려가 전해지고, 말할 때는 따뜻함을 건넬 수 있는 그런 '현명한 사람'이 되고 싶습니다.

여러분은 지금, 반쪽짜리 배려를 하고 계시진 않나요?

9

아버지가 겪으신 6 · 25 전쟁

1970년대 국민학교 시절, 우리는 참 많은 반공 교육을 받았습니다. 6 · 25 전쟁, 무장공비, 이승복 어린이 사건….

북한군은 마치 뿔 달린 도깨비처럼 무섭게 느껴졌습니다. 그 시절 강당에 모여 보던 6 · 25 전쟁 영화 속 한 장면이 아직도 생생합니다. 부상당한 우리 군인이 중공군에게 끌려가다가 눈 덮인 길가에 푹 쓰러집니다. 중공군이 발로 차고 총부리로 등을 찌르지만 미동도 하지 않자, 죽은 줄 알고 버려둔 채 떠나갑니다.

그때는 몰랐습니다. 그 군인이 바로 제 아버지였다는 것을.

아버지는 1949년에 군에 입대하셔서, 공비 토벌 작전과 6 · 25 전쟁에 참전하셨습니다. 1950년 6월 26일 백석천 전투에서 2사단 25연대 2대대 분대장으로, 분대원과 함께 남하하는 북한군 탱크를 향해 박격포를 명중시켰지만 탱크는 잠시 멈추더니 계속 남하하였습니다.

공식 전사 기록에는, 그 탱크가 박격포를 맞고 후퇴했으며 분대장은 전사했다고 나와 있습니다. 하지만 그것은 명백한 오류입니다. 왜냐하면 그 분대장이 바로 아직 살아 계신 우리 아버지이기 때문입니다.

아버지는 수많은 전투를 치르셨고 전투 중에 중공군에게 포로가 되셨습니다. 첫 번째 포로 상태에서, 아버지께서는 중공군과 일본어로 대화를 하며 신뢰를 얻으셨고 눈 덮인 산사에서, 어수선한 틈을 타 부대원들과 함께 탈출하셨습니다.

하지만 곧 또다시 포로가 되셨습니다. 중공군은 아버지의 군화를 빼앗아 갔고, 아버지께 해진 신발을 주었습니다. 그 때문에 심한 동상에 걸리셨고, 눈길을 무릎으로 기어가면서 북으로 끌려가시다가 결국 기력이 다해 쓰러졌습니다.

총부리로 찔리고 발로 차여도 꿈쩍 않으시니 죽은 줄 알고 중공군은 아버지를 버리고 후퇴했습니다. 그들이 떠난 뒤, 아버지는 온 힘을 다해 기어서 강원도 홍천군 북방면의 한 민가에 도착하셨습니다. 그곳에서 초등학교 5학년 홍재운 학생과 그 어머니의 도움을 받으셨고, 참혹한 전쟁 속에서 따뜻한 사랑 덕분에 목숨을 건지셨습니다.

이후 군 의무대로 후송되었는데, 아버지의 양쪽 발가락은 동상으로 이미 괴사 상태였습니다.

당시는 의약품이 부족했고, 군의관은 마취도 하지 않고 펜치로 양쪽 발가락 한 마디씩을 잘라냈고 아버지는 극심한 고통을 겪으셨습니다. 결국 아버지는 1951년 7월 15일, 중상이용사로 명예 제대하셨습니다.

전쟁이 끝나고 60여 년 뒤. 아버지를 도와주신 홍재운 님을 수소문하여 찾아뵈었습니다. 그분 부부와 재회한 자리에서 부모님은 진심으로 감사 인사를 전하셨습니다. 아버지는 제대 후, 상이용사들이 가게에서 술주정과 행패 부리는 것을 보고 그들과의 교류를 끊으셨고, 시골에서 조용히 농사를 지으며 살아오셨습니다.

제대 후 약 50년이 지난 2000년, 지인의 소개로 보훈 제도를 알게 되었고, 양 발가락 절단으로 국가유공자 7급 판정을 받으셔서 뒤늦게 연금을 수령하게 되었습니다.

만약 일찍 국가유공자가 되셨더라면, 매월 연금 수령과 의료비 지원, 전화 요금 감면, 자녀들의 초중고 및 대학 학비 면제, 자녀 취업 시 가점 등 다양한 혜택을 받으실 수 있었겠지만 아버지는 혜택을 받지 못하셨습니다.

아버지께서 겪으신 6 · 25 전쟁 이야기는 직접 자필로 남겨 17매 분량의 수기에 담겨있습니다. 영화 〈태극기 휘날리며〉보다 더 생생하고 처절하게 경험하신 아버지의 기록입니다. 2011년 6월 17일, 국방일보 6 · 25 기획 특집에도 아버지 기사가 실렸습니다.

아버지는 이 이야기를 손자 손녀들에게, 그리고 다음 세대들에게 꼭 전하고 싶었습니다.

아버지의 이야기는 한 개인의 체험이 아니고, 수많은 아버지들이 겪었던 역사입니다.

그 고통과 희생을 기억하는 이유는 다시는 이 땅에 전쟁 없는 세상, 평화로운 사회를 만들기 위해서입니다.

국방일보에 실린 아버지 기사

아는 것이 힘 3

성탄 트리에서
왜 불이 났을까?

아이들이 어렸을 때, 연말이 다가오면 아이들과 함께 성탄 트리를 만들곤 했습니다. 트리 나무와 전구, 장식품들을 사서 거실 한쪽에 예쁘게 꾸미고 밤마다 램프를 밝혀 두었습니다. 반짝이는 불빛 아래 아이들은 들뜨고, 집 안은 포근해졌습니다.

며칠 후, 트리의 일부 램프가 켜지지 않았습니다. 마침 예비로 주어진 램프가 있어 교체하니 다시 불이 들어왔습니다. 하지만 예비품을 다 소진한 후에는 더 이상 고장 난 램프를 교체할 수 없었습니다. 나는 전기를 전공했고 관련 업무를 하고 있었기에 고장 난 램프 소켓을 제거하고, 불이 들어오는 램프만 직접 연결해 보았습니다. 그러자 모든 램프가 켜졌고, 다시 트리는 반짝반짝 빛나기 시작했습니다.

어느 날 밤, 잠들기 전 램프를 끄려고 코드를 잡는 순간, 손에 전해지는 뜨거운 열기에 깜짝 놀라 재빨리 플러그를 뽑았습니다. 전선을 만지니 손이 데일 정도로 뜨거웠습니다.

무엇이 문제였을까?

내가 구입한 트리 램프는 1회로에 램프 10개가 직렬로 연결되어 있었습니다. 이 중 한 개라도 고장 나면 나머지 램프가 모두 꺼지게 됩니다. 나는 그중 고장 난 소켓을 제거하고 남은 램프들을 다시 직렬로 연결했던 것이었습니다.

전기 이론에서, 직렬 회로에서는 같은 전압(220V) 상태에서 저항이 줄어들면 전류는 더 많이 흐르게 됩니다. 즉, 전체 램프 수가 줄어든 만큼 전류가 증가해 전선에 열이 과도하게 발생했고, 자칫 화재로 이어질 뻔했습니다. 그제야 뉴스를 통해 종종 들었던 연말연시 성탄 트리 화재 사고가 '남의 일'이 아니라는 것을 뼈저리게 깨달았습니다.

그 사건은 내게 3가지 중요한 교훈을 안겨주었습니다.

첫째, 모든 기계 특히 전기제품은 KS(KC) 정격 제품을 사용하여야 합니다.
우리 생활도 편법, 비상식이 아닌 정상적이고 합리적인 생활을 하여야 합니다.

둘째, 어설픈 지식은 위험합니다.
전기 회로의 원리를 충분히 검토하지 않은 채 임의로 구조를 바꿨던 내가 그랬듯, 일상에서도 깊이 생각하지 않고 내뱉은 말 한마디가 누군가에게 큰 상처가 될 수 있습니다.

셋째, 절약보다 더 중요한 것은 안전입니다.
작은 비용을 아끼려다 더 큰 위험과 손해를 부를 수 있습니다.

성탄 트리의 그 뜨거운 전선처럼,

우리말과 행동도 때로는 무심한 순간에 타인을 뜨겁게 할 수 있습니다.

4장

웃음은
젊음의 비결

1

향기롭지 않은 사건

예전 아파트에 살 때, 우리 집은 유독 화장실 변기가 자주 막혔습니다. 특히 고등학생 아들이 큰일(?)을 본 후에는 막히는 경우가 많았습니다. 변기가 막히면, 집 안에는 은혜롭지 않은 향기가 가득 퍼집니다. 지금은 제가 제법 전문가가 되어 1~2분 내로 뚫을 수 있지만,

처음에는 별별 방법을 다 시도해 봤습니다. 트래펑을 뿌려보고, 철사를 돌려보고, 압축기도 여러 번 사용해 보았지만… 결국 변기는 요지부동이었고, 저는 포기하고 말았습니다.

어쩔 수 없이 미안한 마음을 안고 관리사무소에 연락드렸습니다. 잠시 후 관리소 직원께서 오셨고, 우리 집 압축기를 살펴보시더니 "이거, 관리소 것보다 훨씬 좋은 거네요!" 하셨습니다. 우리 집 압축기를 들고, 직원께서는 수십 차례 펌핑을 하셨습니다. 결국 막혔던 변기는 시원하게 뚫렸고, 은혜롭지 않던 냄새도 사라지고, 집안은 다시 평온을 되찾았습니다.

그날의 변기 막힘 사건을 겪으며, 저는 몇 가지를 깨달았습니다.

첫째, 아는 것이 힘입니다.

압축기가 정답이었지만, 사용법을 제대로 몰라 실패했습니다. 아무리 좋은 도구가 있어도 모르면 무용지물입니다.

둘째, 포기하지 않고 끝까지 시도하는 자세가 필요합니다.

저는 몇 번 해보다가 바로 포기했지만, 관리소 직원은 끝까지 반복하며 결국 문제를 해결하셨습니다. 끝까지 해내는 인내, 그 힘을 다시금 배웠습니다.

셋째, 불평보다는 감사입니다.

처음엔 불편하고 짜증이 났지만, 결국 이 일을 통해 저는 배우게 되었고, 아들에게도, 바쁘신 와중에 도와주신 관리소 직원에게도 진심으로 감사하게 되었습니다.

배우는 자세로,
포기하지 않고,
감사하는 마음으로,
오늘도 살아가고 계신가요?

2
냉장고 안의 음식물을 밀봉해야 하는 이유

　어린 시절, 저는 꿈 많은 소년이었습니다. 정확히 말하면, 잠자면서 꿈을 많이 꾸는 아이였습니다. 꿈속에서 소변이 마려우면 늘 옆에 커다란 항아리가 있었습니다. 기분 좋게 소변을 누다 보면 항아리는 차고 넘치고, 이상한 느낌이 들 즈음엔 어김없이 이부자리에 지도가 그려져 있곤 했습니다. 아침이면 어머님께서는 소금이 떨어졌다고 하시며 손에는 바가지, 머리에는 키(곡식을 까불러 티를 골라내는 농기구)를 씌워주셨습니다. 그리고는 "이웃집에 가서 소금 좀 얻어와라" 하셨지요.
　부모님 말씀은 곧 효도라 믿었기에…
　아니, 솔직히 말하자면, 어머님 말씀을 어기면 혼이 나기에 어쩔 수 없이 고분고분 이웃집에 갔습니다. 그러면 이웃 아주머니는 마치 신기처럼 알아차리셨습니다. "요놈 또 오줌 쌌구나!" 하시며, 머리에 쓴 키를 마구 때리신 뒤 소금을 주셨습니다. 참 이상했습니다. 어떻게 아셨을까요? 냄새가 그렇게 심했을까요?

그런데 세월이 흘러 부전자전이라고, 아들이 저를 많이 닮았습니다. 어릴 적 아들은 우유를 유난히 좋아했습니다. 어느 날은 자다가 벌떡 일어나 냉장고 문을 열고 우유를 꺼내 마신 뒤 다시 잠들기도 했습니다. 그러다 보면 자연스레 이부자리에 지도를 그리기도 했습니다.

언제부터인가 아들이 자다가 스스로 일어나 화장실 불을 켜고 소변을 보는 습관이 생겼습니다. 참으로 기특하였고 많이 컸다는 생각도 들었습니다.

아들이 7살 때 어느 날 밤, 아들이 저녁 일찍 거실에서 잠들었고, 저는 밤 12시쯤 아들 옆에 누워 잠을 청했습니다. 막 잠이 들려는 순간, 아들이 벌떡 일어나 냉장고 문을 열었습니다. '또 우유 마시러 가는구나' 싶었는데…

웬걸!

아들은 냉장고 안에 소변을 누고 다시 옆에 와서 잠을 잤습니다. 너무 순식간이라 말릴 틈도 없었고, 그저 충격과 경악 속에 그 장면을 지켜볼 수밖에 없었습니다. 생각해 보니 자다가 소변이 마려워 화장실 불을 컨다는 것이 그만 습관적으로 냉장고 문을 열었고, 냉장고 안의 불빛이 들어오니까 화장실로 착각하여 냉장고 안에다 소변을 본 것이었습니다.

깊은 잠결에 우유 생각과 소변보는 일이 뒤 섞여 냉장고에 소변을 보는 기막힌 사건이 벌어졌습니다.

다음 날 아내에게 이 이야기를 전하자, "며칠 전에도 냉장고 안에서 이상한 냄새가 났었어. 바닥에 노란 물도 있었는데, 그게 그거였나?" 하며 탄식했습니다. 다행히 그날 냉장고 속 음식들은 모두 밀봉되어 있었지만, 혹시라도 밀봉되지 않은 음식이 있었다면… 소변이라는 장(?)이 들어간 짜디짠 음식을 이미 경험했을지도 모릅니다.

　대한민국의 모든 주부 여러분! 냉장고에 음식을 넣을 땐 반드시 밀봉합시다!
　왜냐고요? 7살 아들이 냉장고를 화장실로 착각할 수 있으니까요.
　그리고 당신의 입은 잘 밀봉하였나요?

3

피 한 방울의 기적

난센스 퀴즈 하나 내볼게요.

침대에서 행해지는 사랑의 행위인데 반드시 피를 수반합니다. 무엇일까요?

정답은 헌혈입니다. 살짝 엉뚱하고 웃기지만, 이 퀴즈 하나로 헌혈에 대한 제 이야기를 시작해 보겠습니다.

사실 저는 대학을 졸업하고 군대에 가기 전까지 헌혈을 한 번도 해본 적이 없었습니다.

그 이유를 굳이 말하자면 2가지입니다.

첫째, 어머님의 말씀이었습니다. "헌혈하면 몸에 좋지 않다."

부모님의 말씀을 순종하였기에 헌혈을 안 했습니다.

둘째, 이것이 진짜 이유입니다. 무서웠습니다. 바늘도, 피도.

군 복무 중 휴가나 외출을 받아 집에 오고 갈 때, 전주 시외버스터미널 인근에 늘 서 있던 헌혈버스를 보며 그 앞을 은근슬쩍 피해서 돌아가곤 했습니다. 시간이 흐르면서 저는 조금 더 성숙한 인간이 되었고, 헌혈이 다른 생명을 살릴 수 있는 사랑이라는 것을 알게 되었습니다. 비록 어머님의 말씀을 거역하는 불효자가 될지언정, 다른 누군가에게 도움이 되는 더 큰 사랑을 선택하였습니다.

정기적으로 헌혈을 하면서 기억에 남는 일들도 많았습니다.
한 번은 현장 관계자들과 단체로 헌혈을 하러 갔으며 헌혈의 집이 잠시 마비된 적도 있었습니다. 또 지혈이 제대로 되지 않아 옷이 피로 물든 상태로 왔다가 다시 헌혈의 집을 찾은 경험도 있었습니다. 또 한 번은 군 입대를 준비하던 직장 후배의 입대 가산점을 위해 함께 헌혈하러 갔는데, 정작 그는 신분증을 준비하지 못해 헌혈을 못한 일도 있었습니다. 우리는 헌혈하고 기념품을 받았지만, 그는 신분증 없어 헌혈도 못하고 빈손이었습니다.

헌혈을 하기 위해선 몇 가지 조건이 필요합니다.
몸이 건강해야 하고, 당일 컨디션도 좋아야 합니다. 또 해외 일부 지역(예: 동남아)이나 국내 특정 지역(예: 말라리아 위험지역)을 다녀오면 일정 기간이 지난 후에야 헌혈이 가능합니다.
헌혈에는 크게 2가지가 있습니다.
전혈: 우리 몸의 피를 직접 뽑는 방식. 약 10분 정도 소요됩니다.
성분헌혈: 피를 뽑아 필요한 성분만 분리하고 나머지는 다시 돌려주는 방식. 약 30분 소요됩니다. 예전에는 횟수를 늘리기 위해 2주마다 가능한 성분헌혈을 자주 했지만, 요즘은 혈액원의 수요에 맞추기 위해 전혈을 더 자주 하게 됩니다.

헌혈을 하면 작지만 기분 좋은 혜택도 있습니다. 영화 관람권, 문화상품권, 화장품 세트….

덕분에 저는 30년 동안 화장품을 산 적이 거의 없습니다. 게다가 간 기능, 콜레스테롤, 혈액 검사 등 기본적인 건강 체크도 되니 건강 관리에도 큰 도움이 됩니다. 봉사시간 4시간 인정, 일부 직장에서는 공가나 휴가도 가능하고, 헌혈 횟수에 따라 적십자사에서 훈장도 줍니다. 저는 지금까지 50회 이상 헌혈을 해 적십자 헌혈 유공장(금장)을 받았습니다. 헌혈은 생각보다 많은 것을 줍니다.

누군가의 생명을 살리는 사랑의 실천이고, 나의 건강을 점검해 주는 건강 지킴이이며, 과자와 화장품, 영화표까지 챙겨주는 작은 행복의 보너스입니다.

무섭다고 피했던 과거의 나를 돌아보며, 지금은 감사한 마음으로 헌혈 침대에 눕습니다.

피는 나의 일부이지만, 그 일부가 누군가의 생명을 살리는 기적이 됩니다.

이제, 당신 차례입니다. "침대에서 행해지는 사랑의 행위"에 도전해 보시겠어요?

적십자 헌혈 유공장(금장)

적십자 헌혈 유공장(금장)

4

무슨 땀을 흘리고 있나요?

네이버 지식백과에 따르면, "땀은 체온 조절을 위해 사람의 땀샘에서 분비되는 액체"라고 합니다. 성분은 99%가 물이며, 나머지는 나트륨, 염소, 칼륨 등이 포함되어 있습니다.

체온이 오르면 교감신경이 자극되어 땀샘에서 땀이 분비되고, 그 땀이 증발하면서 피부 표면을 냉각시켜 체온을 낮추는 기능을 합니다.

땀은 단순히 생리적인 현상일 뿐 아니라 노력과 수고의 상징이기도 합니다.

"땀은 땀대로 흘리고 농사는 풀농사만 짓는다" → 열심히 해도 요령이 없으면 성과가 없다.

"땀 흘린 밭에 풍년 들고, 피 흘린 곳에 기와집 짓는다" → 진심과 노력이 있어야 결실이 있다. 위와 같이 땀과 관련하여 여러 속담도 있습니다.

우리가 흘리는 땀은 모두 다릅니다.

첫째, 환경으로 인한 땀입니다. 무더운 여름날, 한증막 사우나처럼 주변 조건이 만들어내는 땀이 있습니다. 환경이 바뀌면 자연히 멈추는 땀입니다.

둘째, 노력의 땀입니다. 운동, 일, 공부 등 목표를 이루기 위해 스스로 만들어내는 땀입니다. 이 땀은 결국 건강과 성취로 이어집니다. 올림픽 메달리스트들도 "정말 많은 땀을 흘렸습니다."라고 한결같이 말합니다.

셋째, 체질적인 땀입니다. 다한증이라는 자율신경계 질환으로 원하지 않아도 지나치게 땀이 나는 경우도 있습니다. 수술이나 약물치료로 어느 정도 조절이 가능합니다.

넷째, 긴장과 실수의 땀입니다. 면접, 발표, 실수 직후 등 심리적 긴장으로 흘리는 '식은땀'도 있습니다.

저도 그런 땀을 흘린 적이 있습니다.

2023년 여름, 인천지역본부의 한 건설 현장에서 근무하고 있을 때였습니다. 무더위 속에서도 안전모를 쓰고 공사장을 오가던 그 시절, 사무실 안팎은 하루 종일 바쁘게 돌아갔습니다. 어느 날, 급하게 전달할 사항이 있어 회사 메신저로 특정 협력사 담당자에게 문자를 보내려 했습니다. 그런데 정신이 없었던 탓인지, 수신인을 잘못 지정해 그만 '본부 직원 전체'에게 메시지를 일괄 전송해 버렸습니다.

"띠리링, 띠리링…" 계속해서 전화기가 울렸고, '죄송합니다. 문자를 잘못 보냈습니다'라고 말하기 바빴습니다. 걸려오는 전화를 받으며 저는 얼굴이 후끈 달아올랐고, 이마에서는 땀이 맺히고, 등에서는 식은땀이 났습니다. 부끄러움과 당혹스러움이 뒤섞여 숨이 턱 막혔고, 마치 세상이 멈춘 듯한 기분마저 들었습니다.

해프닝이 지나간 후에도 마음은 가라앉지 않았습니다. '왜 한 번만 더 확인하지 않았을까?' 하는 자책이 밀려왔고, 무엇보다 동료들에게 불편을 끼쳤다는 죄송한 마음이 컸습니다.

너무 죄송한 마음에 부서 동료들에게 커피를 대접하며 사과의 뜻을 전했습니다. "제가 오늘 실수했습니다. 많이 불편하셨죠? 정말 죄송합니다." 어색한 웃음 속에 건넨 커피 한 잔이었지만, 동료들은 오히려 "누구나 그럴 수 있지"라며 웃어 넘겨주었습니다.

그날 이후, 저는 메신저든 이메일이든 누군가에게 메시지를 보낼 땐 수신자와 내용을 다시 한번 확인하게 되었습니다.

작은 실수였지만, 그 경험은 내 업무 태도에 적지 않은 변화를 가져다주었습니다.

지금 돌이켜보면, 실수란 피하고 싶은 일이지만 때론 가장 강력한 스승이 되기도 합니다.

그때의 부끄러움과 식은땀이 없었다면, 나는 여전히 무심하게 '보내기' 버튼을 눌렀을지도 모릅니다. 우리는 실수 속에서 배웁니다. 실수가 밑거름이 되어 더 많은 열매를 맺으면 그 실수는 충분한 가치가 있습니다.

5
차선, 나의 좌우명

'좌우명(座右銘).'

자기 책상 옆에 두고 평생 지침으로 삼는 한 문장이 있다면, 그것이 바로 그 사람의 삶의 방향이 아닐까 생각합니다.

저의 좌우명은 '차선(次善)'입니다. 사람들은 흔히 "최선", "최고", "1등"을 추구합니다. 하지만 저는 조금 다르게 생각합니다. 제가 말하는 차선이란, "인간의 착한 마음 안에서 최선을 다하는 것"입니다. 즉, 타인에게 피해를 주지 않는 범위 안에서 노력하는 것, 양심을 지키며 나아가는 것, 정당한 방법으로 이루는 최선을 뜻합니다.

1등이 되기 위해 수단과 방법을 가리지 않고, 그 과정에서 누군가를 짓밟거나 빼앗는 일은 결코 정당한 성공일 수 없습니다.

이 '차선'이라는 좌우명을 생각하게 한 전두환 씨를 떠올릴 때마다 가슴속에서 분노가 일어납니다. 민주주의를 짓밟고, 광주의 무고한 시민들을 죽이고, 죽는 날까지 단 한 번도 진심 어린 사과를 하지 않았던 사람. 그는

1등이었을지 모르지만, 가장 나쁜 방식으로 정상에 오른 자였습니다. 그의 모습을 보면, 자연스럽게 일본이 떠오릅니다. 과거를 왜곡하고 진심 어린 사과 없이 자신들이 오히려 피해자인 듯 말하는 그 모습이 겹쳐 보입니다.

일본과는 다르게 독일은 진심으로 사죄했고 그렇기에 피해자들에게 용서를 받을 수 있었습니다. 반면 일본은 아직도 진심 어린 반성 없는 가해자의 모습에 머물러 있습니다.

박정희, 전두환이 총을 들고 권력을 얻었다면, 오늘날에도 누군가는 거짓과 유언비어, 아부와 뇌물과 로비로 승진과 당선을 이루려 합니다. 물론 모두가 그런 것은 아닙니다. 그러나 문제는, 그 부당한 방법들이 때로는 통한다는 현실입니다.

오래전 군 동기에게 들은 이야기입니다.

예전에는 군인의 부인들은 자기 남편 진급을 위해 상관 집의 김장, 청소 등 사역에 동원되었는데, 그 동기는 3년 의무 복무 후 전역한 단기장교였고, 중위 때 결혼을 하여 대위 소령 등과 함께 관사에 살았다고 했습니다.

어느 날 부인들끼리 모인 자리에서 관사 청소방법에 대해 이야기가 나왔습니다. 각자 의견을 말해보라 하자, 동기 부인이 자기 집 앞은 자기가 청소하자고 했더니 상관의 부인이 어이가 없다는 듯, 동기 부인에게 남편 특기가 뭐냐고 물었답니다.

동기는 부인에게 군 생활에 대해 일절 말을 하지 않았기에, 동기 부인은 군대에 특기라는 것이 있는지도 몰랐습니다. 동기 부인은 특기가 있는지도 몰랐기에 "남편은 노래하고 노는 것이 특기"라고 했다는 에피소드를 들었습니다. 그녀는 남편이 중위일 때 결혼해 군대 문화에 익숙하지 않았고, 그저 순수하게 대답을 했습니다.

인생의 목적이 무엇이냐고 묻는다면, "행복하게 사는 것"이라고 말하고 싶습니다.

그 행복은 성공, 당선, 승진이 아니라 좋은 사람들과 건강하게, 여유롭게, 내 마음의 가치를 지키며 사는 것입니다.

총을 들지 않고, 직접 해를 끼치지 않았다고 해서 뇌물과 유언비어로 얻은 자리가 정당할 수는 없습니다. 그로 인해 진짜 능력 있고 정직한 사람이 기회를 잃었다면, 그 역시 간접적인 죄일 수 있습니다.

저는 꿈꿉니다.

능력 있고 인격이 바른 사람이 공정한 경쟁 속에서 당선되고 승진하는 사회를.

'정의로운 2등'이 '비열한 1등'보다 더 존경받는 세상을.

그리고 그런 세상을 향해 오늘도 '차선'을 선택하며 살아가고 있습니다.

우리 집 가훈 '차선'

4장   웃음은 젊음의 비결

6

코로나19

살다 보면 처음 겪는 일이 참 많습니다. 그중 어떤 것들은 우리 삶의 방향을 바꾸는 것에서 나아가, 너무도 큰 사회적 이슈로 부각되어 국가와 세계를 바꾸기도 합니다.

1997년, 우리나라는 IMF 외환위기로 주식시장이 폭락하고 대기업과 중소기업, 은행들이 도산하며 수많은 실직자가 발생하였고, 많은 사람들이 스스로 생을 마감하는 아픔을 겪었습니다. 2002년 한일 월드컵에서는 대한민국이 최초로 4강에 오르는 기적을 이루며 한반도가 붉게 물들고 온 국민이 열광했습니다. 2008년에는 미국의 서브프라임 모기지 사태로 전 세계가 경제적 위기에 빠졌습니다. 2014년 세월호 침몰 사건에서는 구조의 실패로 인해 무고한 생명 300여 명이 차가운 바닷속에서 살아 나오지 못하였습니다.

그리고 2019년 말, 중국 우한에서 시작된 신종 코로나 바이러스(COVID-19)는 한국을 포함한 전 세계로 퍼졌습니다. 2020년 3월 27일 기준으로 전 세계 확진자는 50만 명을 넘어섰고, 사망자는 23,000명이 넘었습니다. 이후 코로나는 기하급수적으로 늘어나 2020년 5월 26일에는 확진자 수가 540만 명을 넘었고, 2021년 7월 12일에는 약 1억 8천만 명이 확진되고 400만 명 이상이 사망하였습니다. 다행히 백신과 치료제가 개발되어 2022년 4월에는 확진자 수가 4억 8천만 명, 사망자는 620만 명을 기록했습니다. 2025년 4월 13일, 감염병 포털의 통계에 따르면 전 세계 누적 확진자는 7억 8천만 명, 사망자는 약 709만 명에 달했습니다.

코로나19는 우리 생활에 지대한 영향을 끼쳤습니다.
강한 전염력으로 인해 '사회적 거리 두기'가 시행되었고, 여행, 회식, 모임 등 일상 활동이 중단되었습니다. 식당과 영화관은 손님이 끊기고, 프로야구·농구·배구 같은 스포츠 경기도 연기 또는 조기 종료되었습니다. 결혼식은 취소되거나 연기되었고, 장례식은 조문객 없이 조용히 치러졌습니다. 전 세계는 코로나 확산을 막기 위해 입국 제한과 여행 금지를 단행했습니다. 저 역시 2020년 2월에 시골 친구 부부들과 계획했던 태국 치앙마이 여행을 20% 수수료를 손해 보고 취소했습니다.

김포공항은 2019년 3월에는 하루 이용객이 9만 명이었으나, 2020년 3월에는 국제선 이용객이 0명을 기록했습니다. 제주공항은 개항 51년 만에 국제선 운항을 중단하기도 했습니다.

2020 도쿄 올림픽은 1년 연기되었고, 학교 입학식과 졸업식도 열리지 않았습니다. 개학은 여러 차례 연기되어 학년별로 순차적으로 등교가 이뤄졌고, 막내아들의 육군 소위 임관식도 가족 초청 없이 부대 내에서 조용히 진

행되었습니다. 교회 예배도 현장 대신 인터넷 영상 예배로 대체되었습니다. KF94 마스크는 품귀현상으로 가격이 10배 이상 폭등하였고, 입사 30년 만에 처음으로 재택근무를 하게 되었습니다. 정부는 전 국민에게 가구당 40~100만 원의 재난지원금을, 자영업자에게는 수백만 원의 손실 보전금을 지급했습니다.

주식시장도 폭락했습니다. 코스피는 2020년 1월 2,277포인트에서 3월에 1,439포인트로 40% 급락하였고, 미국 다우지수도 같은 기간 29,568포인트에서 18,213포인트로 40% 가까이 하락했습니다. 미국 연준(FRB)은 2008년 금융위기 당시보다 많은 2조 2천억 달러를 투입했고, 한국은행도 기준금리를 사상 처음으로 0% 대인 0.5%로 낮추었습니다.

원유 수요가 급감하면서 2020년 4월 21일, 미국 서부 텍사스산 원유(WTI) 5월 물 선물 가격이 -37달러까지 폭락하는 초유의 사태가 벌어졌습니다. 원유를 팔면서 오히려 돈을 줘야 하는 기현상이었습니다.

중국 우한시는 도시 전체가 봉쇄되며 마비되었고, 세계보건기구(WHO)는 코로나19를 세계적 대유행인 팬데믹으로 선언했습니다.

코로나19가 조속히 끝나기를 바라는 마음으로 5행시도 지어 보았습니다.

코가 예뻤으면 하는
로망으로
나는 그만
일을 저질렀네. 이런!

구관이 명관일세

코로나야! 코로나야! 너 제법 세구나
로켓 속도로 많은 생명을 앗아 갔구나
나와 우리가 아직은 숨죽여 있지만 곧 곧 곧
일어나서 너를 반드시 정복하고
구경하며 여행 다니리라 예전처럼

7

아마존 아쿠아 파크 당진

며칠 전, 오랜만에 중학교 친구들과 특별한 모임을 가졌습니다. 장소는 충남 당진에 위치한 아마존 아쿠아 파크.

사실, 환갑을 넘긴 아저씨들이 물놀이장에 간다니 처음엔 어색하고 망설여졌습니다. 하지만 아마존 당진의 건설 책임자였던 친구의 초대, 그리고 "고기도 구워 먹고 물놀이도 하자"는 말에 마음이 움직였습니다. 전주에서 승용차를 나누어 타고 출발했습니다. 호남고속도로를 타고 가다가, 논산에서 천안논산고속도로를 타고, 공주에서 서산영덕고속도로를 경유하는 코스로 약 150km에 2시간 가까이 걸렸습니다. 모임 멤버는 아니지만 서울과 당진에 사는 친구들도 함께하여 모처럼 반가운 얼굴들이 한자리에 모였습니다.

아마존 아쿠아 파크에 들어서는 순간, 어느새 가슴이 두근거렸습니다. 편히 앉아서 음식을 먹을 수 있는 수백 개의 카바나시설, 비치풀, 웨이브풀, 아마존풀, 키즈풀, 273m 길이의 수로풀과 환상적인 풍선아트 공연, 히

든싱어 싸이를 닮은 짜이 공연 무대 등이 있는 물놀이장, 130m 길이의 물
썰매장인 익스트림존, 서핑을 즐길 수 있는 아마존 서핑존, 55m 길이의 인
피니트 수영장까지….

전주를 출발할 때의 마음과 아마존에서의 마음이 전혀 다른 세계였습니다.
우리는 먼저 카바나에 앉아, 서울 마장동에서 공수해 온 소고기와 돼지
고기를 구워 먹으며 중학교 시절의 옛이야기를 꺼내었습니다. 등하굣길에
있었던 이야기, 선생님 별명 이야기, 개인 사정으로 아마존 당진 모임에 함
께하지 못한 친구와 함께한 서울 당진 친구 이야기….

수로풀에 떠다니는 사람들을 보면서, 친구들의 재미있는 이야기를 들으
며, 맛있는 고기를 먹는, 그야말로 눈과 귀와 입이 모두 즐거웠습니다. 어
느 정도 배를 채우고 난 우리는 동심의 세계로 과감히 들어갔습니다. 혼자
라면 창피해서 못했겠지만 든든한 친구들이 있어 어깨가 활짝 펴졌습니다.

먼저 273m 수로풀에 몸을 맡겨 둥둥 떠다니면서 아쿠아 파크 전체를 스
캐닝하고, 130m 물 썰매장에 도전했습니다. 우리 차례가 되어 튜브를 들
고 출발선에 올라와 보니 아마존 아쿠아 파크 전체가 한눈에 들어왔습니
다. 안내요원의 지시대로 튜브에 안경과 모자를 넣고, 튜브에 앉아 상체를
뒤로 젖히고 두 다리를 높이 들고 출발하였습니다. 빠른 속도로 내려오는
데 스릴 만점이었습니다. 눈 깜빡하는 사이에 썰매장을 내려왔고, 상체를
뒤로 젖혔기에 몸이 튜브와 함께 뒤로 뒤집혔습니다.

두 번째 탈 때에는 상체를 뒤로하고 내려오다가 도착할 즈음에 상체를
바로 세워 뒤집히지 않고 즐겼습니다. 즐겁게 물썰매를 타고 바로 앞에 있

는 서핑을 타러 갔습니다. 서핑은 처음이기에 운영 요원에게서 타는 방법을 배웠고, 보드에 엎드려 준비를 마치자 운영 요원이 나를 밀어 서핑을 탈 수 있었습니다. 생전 처음으로 서핑을 탔지만 잘 탄다며 운영요원이 보드에서 일어나라고 주문하였습니다.

나는 보드에서 일어났지만 흐르는 물에 곧바로 균형을 잃어 보드와 함께 멀리 날아갔습니다. 풍선 아트 공연을 보면서 호응을 잘하여 아트 풍선도 받았고, 짜이 공연도 즐겁게 보았습니다. 인피니트 풀에 가서 수영도 즐기고 수중 씨름도 하고 수중 닭싸움도 하며 어린 동심에 푹 빠졌습니다.

누군가 말했습니다.

"가슴이 떨릴 때 여행을 가라, 다리가 떨리면 가고 싶어도 못 간다."

돌아보니, 몇몇 친구는 이미 세상을 떠났고, 자유롭게 움직이지 못하고 하루 종일 병실에만 누워 있는 친구도 있습니다. 그래서 지금 이 순간이 더 소중하고, 함께할 수 있는 이 시간이 진정으로 유익한 나의 시간이었고 감사했습니다.

이번 아마존 아쿠아 파크 당진 모임에서 깨달은 것이 있었습니다.

먼저, 건강해야 여행도 가고 사랑하는 가족, 친구들과 즐거운 시간을 보낼 수 있습니다.

주변의 많은 사람들이 건강관리를 도외시하고 있는데 어느 순간 건강을 잃으면 후회하게 됩니다.

또, 함께하는 친구가 있으면 두려움, 창피함을 이길 수 있습니다.

물썰매를 탈 때에도, 서핑에 도전할 때에도, 혼자였다면 주저했을 순간들. 그러나 친구들과 함께라 가능했고, 웃을 수 있었습니다.

　남에게 피해를 주지 않는 범위에서 가끔은 체면을 벗고, 일상에서 벗어나 보는 것.

　그런 순간들이 쌓여 우리의 인생은 조금 더 풍요로워집니다.

아마존 아쿠아 파크 당진에서

8

가짜 뉴스에 낚인 밤

나의 하루 중 가장 편안한 시간은 모든 일을 마친 뒤, 잠들기 전의 여유로운 그 순간입니다. 스마트폰을 들고 그날의 주요 뉴스를 훑어보고, 흥미로운 기사는 클릭하여 읽습니다.

가끔은 유튜브로 스포츠, 낚시, 재테크 관련 영상들을 보며 하루를 정리합니다.

며칠 전, 유튜브를 보는데 눈에 확 띄는 제목이 있었습니다. "이정후, 단 하루 만에 홈런 4방 폭발! 미 언론 전체가 충격에 빠졌다. 자이언츠의 전설 기록까지 공식 돌파!"

그 순간 심장이 두근거렸습니다. 시즌 초반 좋은 활약을 펼치다가 최근 부진했던 이정후 선수. 그가 한 경기에서 무려 4개의 홈런을 쳤다는 뉴스는 마치 가뭄 속 단비처럼, 아니 로또에 당첨된 기분처럼 반가운 소식이었습니다.

나는 재빨리 영상을 시청했습니다. 영상에서는 2025년 7월 16일, 샌프란시스코 자이언츠와 토론토 블루제이스와의 경기에서 이정후 선수가 한 경기에서 4개 홈런과 6타점을 기록하며 샌프란시스코가 9 대 6으로 승리했다는 내용이 담겨있었습니다. 심지어 140년 구단 역사상 최초라는 문구까지 덧붙여졌습니다. 하지만, 뭔가 이상했습니다. MLB 공식 사이트에 들어가 확인해 보니, 그런 기록은 존재하지 않았습니다. 그 영상은 철저히 조작된 가짜였습니다.

실망감이 밀려왔고, 화가 났습니다.
어떻게 이런 허위 콘텐츠가 버젓이 유통될 수 있을까? 나는 직접 낚인 경험을 통해, 유튜브의 '조회수 전쟁' 실태를 체감했습니다. 나와 같이 이정후 동영상에 낚인 사람들의 조회수가 11만을 기록했고, 가짜 정보임을 알고 화가 난 유튜버들의 비난 댓글도 100건이 넘었습니다. 비난 댓글 내용은, "사기 치는 유튜브 없애야 한다.", "사기 치는 놈들 유튜브 못하게 해야 한다.", "고발조치하고 도리도리랑 같이 살아라.", "A 18 낚였네.", "참 인생 더럽게 산다.", "사기꾼 유튜버 신고 조치" 등이었습니다. 그 영상의 제작자는 'Jerome TRAVERS'라는 유튜버였습니다.

스포츠뿐만 아니라 정치 분야도 마찬가지입니다.
사실과 다른 극단적인 주장, 선정적 편집, 자극적인 제목, 이런 콘텐츠만 반복적으로 시청하다 보면 편향된 사고에 빠지기 쉬워집니다. 음식도 골고루 먹어야 건강을 지킬 수 있듯, 정보도 다양하게 접하고, 다양한 사람들과 소통해야 건강한 시각과 균형 잡힌 판단력을 가질 수 있습니다.

이 세상에는 진실도 있고 거짓도 있습니다. 좋은 뉴스도 있지만, 나쁜 뉴스도 있습니다.

우리는 그 속에서 살아가며 매일같이 선택해야 합니다. 거짓과 가짜가 없어져야 하겠지만, 내가 할 수 있는 중요한 것은 '분별력'입니다. 나를 바르게 지키기 위한, 건강한 의심과 지적인 훈련 말입니다.

그날 밤, 나는 낚였습니다. 하지만 그 덕분에 진짜를 보는 눈을 조금 더 키울 수 있었습니다.

9

대통령 이름 삼행시

이승만(1-3대)　　**이**승만입니다, **승**리를 위하여, **만**백성을 속였습니다.
　　　　　　　　죄송합니다. 하야합니다.(48-52-56년)

윤보선(4대)　　　**윤**보선입니다, **보**궐로 된 셈이지요, **선** 총리 후 대통령이
　　　　　　　　었습니다.
　　　　　　　　쿠데타 때문에 물러납니다.(60년)

박정희(5-9대)　　**박**정흽니다, **정**말 죽는 날까지 일(?)만 했는데 말이야,
　　　　　　　　희비가 엇갈리는 평가를 받고 있지 뭐야, 임자 안 그
　　　　　　　　래?(63-67-71-72-78년)

최규하(10대)　　 **최**규하입니다, **규**정도 모르는 친구 때문에, **하**야하고 물
　　　　　　　　러납니다.
　　　　　　　　더 이상은 묻지 마세요. 저도 괴로워요(79년)

전두환(11-12대)　(나) **전**두환이야, **두**목이 되기 위해 쿠데타와 비상계엄을
　　　　　　　　하며, **환**장했었지. 전재산 29만 원뿐이야!(80-81년)

노태우(13대)　　 **노**태우입니다, **태**어날 때부터 줄 서기를 잘해서, **우**두머

4장　웃음은 젊음의 비결

	리가 되었습니다. 이 사람 믿어주세요.(88년)
김영삼(14대)	**김**영삼이라카이, **영**광의 문민정부는, **삼**당합당 덕분입니다. 여러분! 갱제를 살립시다.(93년)
김대중(15대)	**김**대중이랑께요, **대**한민국을 IMF 고통으로부터, **중**단시켰당께요. 내가! 잉 그려.(98년)
노무현(16대)	**노**무현입니다, **무**슨 일이든 국민을 위해 다하고 싶었는데, **현**직 때도 탄핵 때문에 못 했다, 아님꺼?(03년)
이명박(17대)	**이**명박입니다, **명**목상 재산 기부 약속은, **박**수받기 위함이었지롱 몰랐지롱?(08년)
박근혜(18대)	**박**근혜예요, **근**심덩어리 최순실 때문에, **혜**택이 짱 많은 대통령에서 쫓겨났어요. 순실이 미워.(13년)
문재인(19대)	**문**재인이지요, **재**수 끝에 당선되었지요, **인**간미에 끌려 (윤석열) 중용했는데 상대편으로 당선되었네요. 이건 아니지요.(17년)
윤석열(20대)	**윤**석열입니다, **석**두인지 9수만에 합격하였고, 야당을 패싱하고 시대착오적 비상계엄으로, **열**린 탄핵의 문에 갇혀 3년도 못했습니다. 계엄령 아니고 계몽령이래도 당에서 말들이 많네.(22년)
이재명(21대)	이재명입니다.(25년)

자신의 이름 삼행시를 지어 보고, 좋은 내용이 들어갈 수 있도록 훌륭한 삶을 사세요.

> ⚡ **전기인의 팁**
>
> 자녀들과 여러 삼행시를 지어보세요. 생각하는 자녀로 성장합니다.

아는 것이 힘 4

일괄 소등스위치

의정부에서 생활하고 있는 아들에게서 갑작스레 전화가 왔습니다. "전기박사님(나를 그렇게 부른다), 큰일 났어요. 집에 불이 하나도 안 들어와요. 모든 방 전등이 다 꺼졌어요."

나는 웃으며 "큰일 아니니 걱정하지 마라"라며 차근차근 물어보기 시작했습니다.

우선 신발장 안쪽이나 옆에 설치되어 있는 세대 분전반을 찾아보라고 했습니다. 세대에 전기가 나갔을 땐 가장 먼저 세대 분전반의 차단기부터 확인해야 하기 때문입니다. 아들은 금방 분전반을 찾았고, "모든 차단기가 올라가 있어요. 멀쩡해 보여요."라고 말했습니다.

나는 다시 물었습니다. "현관 입구에 일괄 소등스위치가 있을 수도 있으니 한번 잘 찾아봐. 요즘 집들은 그런 기능을 갖춘 경우가 많아." 아들은 처음엔 못 찾겠다고 했지만, 현관 옆 벽면을 유심히 살피다 바닥에서 약 1.2m 높이쯤에 있는 스위치를 발견했습니다.

스위치를 누르자, 순식간에 집 안 전등이 하나둘 들어오기 시작했습니다.

나는 아들에게, 예전에는 각 방마다 전등 스위치를 따로 조작해야 했지만, 요즘 아파트나 주택은 현관 입구에서 한 번에 전체 조명을 끌 수 있는 '일괄 소등스위치'가 있다고 말해주었습니다. 아침에 급하게 외출할 때, 일일이 불 끄러 다니지 않고 한 번에 꺼지니 아주 유용합니다. 제조사마다 조금씩 다를 수 있지만, 귀가 후 누르면 외출 전 상태를 유지합니다.

아파트라면 관리소에 연락하면 전기과장님이 친절히 안내해 주시지만, 원룸이나 일반 주택의 경우 전기 기사를 따로 불러야 하고 그럴 땐 비용이 발생하게 됩니다.

실제로 인천에서 근무할 때 같이 근무했던 후배의 경험담입니다. 후배의 친구가 새집을 장만해서 여러 친구들을 초청하여 집들이에 갔습니다. 집을 구경하던 중 집 안 전체 조명기구가 나갔으며, 세대 분전반을 열어보니 차단기에는 이상이 없었습니다. 여러 가지 점검을 하였으나 이상이 없어 별 수 없이 전기 기술자를 불렀고, 전기 기술자가 일괄 소등스위치를 켜서 해결하였고 출장비를 지급하였다고 합니다.

이 글을 읽는 많은 독자께서도 일괄 소등스위치 에피소드가 있으리라 생각됩니다.

전기 지식은 단순한 기술이 아니라, 실생활에서 곧바로 쓰이는 지혜입니다. 간단한 스위치 하나 때문에 불편하고, 괜히 전문가를 불러 비용을 쓸 수도 있었던 상황. 그렇기에 작은 전기 상식 하나가 시간을 아끼고, 돈을 아끼고, 마음까지 편안하게 해줍니다.

일괄소등 스위치

2부
전기인의 일상

1장

전기인이 되다

1

나는 왜 전기인이 되었나?

사람의 일생을 좌우하는 선택 중 하나는 바로 대학 전공입니다. 직업의 기초가 되고, 때로는 인생 전체의 방향을 바꾸기 때문입니다. 하지만 나는 그 중요한 결정을, 지금 돌아보면 참 단순하게 했습니다.

1983년, 대학 입시에서 좋은 성적을 받지 못했습니다. 사립대는 비용 때문에 애초에 고려 대상이 아니었고, 집 가까운 국립대를 택하며 학과를 고민하던 중, 친한 친구가 전기공학과를 선택하자 그저 "친구 따라 강남 간다"는 심정으로 전기공학과를 선택했습니다.

전기공학은 생각보다 어려웠습니다. 전자기학, 전기회로, 전기기기, 전력공학….

모두 눈에 보이지 않는 개념들이다 보니, "전기공학은 철학이다"라는 농담도 있었습니다. 일부 친구들은 중도에 포기하였고 저 역시 잠시 마음이 흔들리기도 했지만, 우유부단한 성격 때문인지 이리저리하다 결국 졸업까지 했습니다. 다행히 졸업 전 전기기사 자격증을 땄고, 공군 복무를 마친 후, 한국전력공사에 입사하게 되었습니다.

입사 후 연수를 받기 위해 서울 공릉동 연수원에 들어갔습니다. 그곳에서 본 것은, 생각보다 훨씬 힘들고 위험한 작업 환경이었습니다. 석탄화력 발전소의 어둡고 먼지 가득한 근무 환경, 수십 미터 송전철탑 위에서 작업하는 송변전 직원들, 안전모에 의지한 채 철골 구조물 위를 오르는 장면들, 그 영상들을 통해 저는 한전 직원들의 노고와 희생을 실감했습니다.

전기는 보이지 않지만, 수많은 과정을 거쳐 우리에게 도달합니다.

수력·화력·원자력 등 발전소에서 전기를 생산하고, 초고압(765kV, 345kV)으로 전압을 높여 송전선로를 이용하여 송전합니다. 변전소에서 전압을 낮춰 22.9kV 배전선로를 통하여, 아파트 전기실로 오며 380/220V로 바꿔 각 가정에 공급이 됩니다. 이처럼 복잡하고 정교한 과정을 통해 우리는 지금, 스위치 하나로 불을 켜고, 냉장고와 세탁기를 돌리고, 편리한 일상을 누리고 있습니다.

우리나라의 전기 품질은 세계 최고 수준입니다. 전압, 주파수, 정전시간 등에서 뛰어날 뿐 아니라 요금도 상대적으로 저렴한 편입니다. 하지만 이 전기 뒤에는 숱한 희생과 땀이 있습니다. 2018년 태안화력에서 사고로 목숨을 잃은 고 김용균 님, 송전탑 작업 중 추락 또는 감전으로 세상을 떠난 분들, 그분들의 헌신 덕분에 우리는 '전기'라는 문명의 편리를 누리고 있습니다.

편리하게 사용하는 전기, 그 이면에 담긴 수고와 생명을 기억하며,
감사하는 마음으로 아끼고 절약하는 삶을 살고자 합니다.

2

직장을 이직하다

　1990년 8월, 한국전력공사에 입사하여 공릉동 연수원에서 신입사원 연수를 받았습니다.
　전기직은 발전, 송변전, 배전 세 개의 직군으로 나뉘는데, 도시에서 고객에게 직접 전기를 공급하는 '배전 직군'을 희망했습니다. 전년도 기수에서 전기과 출신들은 모두 배전으로 배정되었다기에 당연히 배전으로 갈 것이라 기대했습니다. 하지만 배정 결과는 충격이었습니다. 배전은 단 한 명도 없고, 송변전 몇 명을 제외하고 대부분 발전 직군으로 배정되었습니다.
　군 복무 3년 동안 교대 근무를 하며 몸과 마음이 지쳤습니다. 그래서 제대 후 '교대 근무는 절대로 하지 않겠다'라고 다짐했었습니다. 그런데 30년 이상 근무해야 할 직장에서 대부분의 근무가 교대인 발전 직군이라니, 나의 기대는 산산이 무너졌고 한전에 대한 미련도 서서히 사라졌습니다.

　바로 그때, 마침 한전에 재직 중인 매형이 대한 주택공사 채용공고를 알려주었습니다.

낮에는 한전 연수를 받고 밤에는 연수원 도서관에서 입사시험 준비를 했습니다. 낮에는 한전 직원, 밤에는 구직자였습니다. 삼천포 화력발전소로 현장 연수를 떠난 지 얼마 되지 않아 대한 주택공사 최종 합격 통지서를 받았습니다.

삼천포 화력발전소에서 연수를 지도해 주시던 담당 교수님께 사직 인사를 드리러 갔습니다. 사직 이유를 물으시기에, "교대 근무를 피하고 싶어 대한 주택공사로 옮기려 한다"라고 말씀드렸습니다. 교수님은 "전기 직이라면 한전이 훨씬 낫습니다", "교대 근무 외에도 여러 근무 형태가 있습니다"라며 다시 생각해 보라고 조언해 주셨습니다. 하지만 내 마음은 이미 정해져 있었기에 미련 없이 이직했습니다. 한전에서의 직장 생활은 약 2개월, 짧은 인연이었습니다.

당시 함께 입사한 공군 동기 중 한 명은 연수를 마치고 울산화력발전소에서 ABO(보일러 보조 운전) 업무를 하다가, 2년 뒤 EBS 교육방송으로 이직했습니다. 그리고 정년까지 무사히 마치고 퇴직하였습니다.

나와 그는 서로 다른 길을 선택했지만 결국 자신에게 맞는 길을 찾았다는 점에서 같았습니다. 각자 자신에게 맞는 삶의 방향을 선택하는 용기가 필요합니다.

3

첫 번째 현장 이야기

졸음운전과 금주 선언

1990년 10월, 대한 주택공사에 입사를 하였고, 신입사원 연수를 마치고 고향 전주에 있는 전북지사로 첫 발령을 받았습니다. 공사부 내근으로 보직을 받아, 문서 복사, 도면 접기, 설계변경 및 물가연동제 검토 등 공무행정 업무를 열심히 배웠습니다.

당시에는 타자기로 문서를 작성했습니다. 기안자가 종이에 볼펜으로 기안문을 작성하고, 그것을 타이피스트에게 넘기면 타자기로 문서를 완성해 주는 방식이었습니다. 그 당시 우리 부서에는 컴퓨터가 한 대도 없었지만, 우리 과장님은 사비로 개인용 컴퓨터를 들여와 업무에 활용하고 계셨습니다.

며칠이 지나자 과장님은 내게 타자 학원에 다니라고 권하셨습니다. 말로는 "알겠습니다" 했지만, 마음속으로는 "컴퓨터 학원이라면 몰라도 타자 학원이 뭐가 필요하겠어"라고 생각하며 학원에 다니지 않았습니다. 하지만 과장님은 포기하지 않으셨고, 이삼일마다 내게 물으셨습니다. 어느 날 퇴근 무렵 지갑에서 돈을 꺼내시며 타자 학원비라며 내게 주려고 하셨습니다. 저는 더 이상 과장님 말씀을 거스를 수 없었습니다. 저는 돈은 받지 않고 "과장님 알겠습니다. 오늘 당장 학원에 등록하겠습니다"라고 말씀드리고 퇴근 후 바로 타자 학원에 등록하였습니다.

1990년 연말에는 부서별 직종별 과별 동기별 각종 회식도 많았지만, 회식을 마치고 하루도 빠지지 않고 타자 학원에 가서 1시간씩 타자 연습을 하였습니다. 당시 타자 학원에는 여자상업고등학교 학생들이 많았으며 여학생들 속에서 홀로 술 냄새 풍기며 자판과 씨름을 하였습니다.

학원 강사님에게서 열 손가락 모두를 사용하는 법을 배워 학원 등록 며칠 만에 분당 300타 이상 마스터 하였고, 타자의 중요성을 깨닫게 해주신 과장님에게 감사드렸습니다.

몇 년이 지나자 개인별 컴퓨터가 지급되었고 타자 학원을 다니지 않은 대부분 다른 동기에 비해 타이핑 속도가 월등히 빨랐고 업무처리에 도움이 되었습니다.

1년쯤 지난 1991년 12월, 현장으로 발령을 받았습니다. 전주에서 1시간 거리인 군산시 나운동 아파트 건설 현장이었습니다. 처음으로 안전모를 쓰고 발목에는 각반을 차고 안전화를 신고 무전기를 허리에 차고 철근 냄새와 레미콘 차량이 오가는 공사현장을 밟았을 때, 나는 왠지 모를 자부심과 두려움을 동시에 느꼈습니다.

그 당시 우리는 주 6일 근무를 했습니다. 토요일은 오후 1시까지 근무했지만, 공사는 일요일에도 멈추지 않았기에, 우리도 돌아가며 일요일 교대 근무를 하였습니다. 신입사원이던 우리는 선배들 대신 일요일 출근도 자주 맡았고, 지금은 당연하지만 휴일 수당 같은 것도 없었습니다. 오히려 "신입이니까 당연한 거야"라는 말 한마디로 모든 게 정리되곤 했습니다.

군산 현장까지는 매일 왕복 2시간이 걸렸습니다. 출퇴근은 전주에 사는 동료들과 카풀을 하였는데, 운전은 내가 맡는 경우가 많았습니다. 사무실 책상에 앉으면 정신도 맑고 눈동자도 빛을 냈지만 이상하게도 운전대만 잡으면 졸음이 쏟아졌습니다. 출퇴근 운전 시에는 눈꺼풀이 천근만근 무거워 2~3초씩 졸음운전을 참 많이 하였습니다. 나는 졸지 않기 위해 조수석 직원과 말도 해보고, 껌도 씹어 보고, 음악을 크게 틀고, 노래도 불렀지만, 졸음은 쉽게 물러나지 않았습니다. 몇 번은 졸음을 이기지 못해 도로 갓길에 조심스럽게 차를 세우고, 10분 정도 눈을 붙이고 나서야 다시 운전을 하였습니다.

전주와 군산을 잇는 전군 도로는 봄이면 벚꽃이 만발해 영화 속 한 장면처럼 아름다웠습니다. 매일 그 아름다운 길을 달리며 눈앞에 펼쳐지는 꽃길을 보면서도, 정작 나는 눈꺼풀이 무거워 반쯤 감긴 시야로 달리곤 했습니다. 지금 생각하면 아찔한 순간들이었지만, 다행히 단 한 번의 사고도 없이 무사히 그 시절을 지나왔습니다.

이따금 그 시절 함께 카풀을 했던 동료들을 만나면, 나의 졸음운전 이야기를 먼저 하면서 지금은 운전하면서 졸지 않느냐 묻곤 합니다.

현장으로 발령을 받은 후, 회식을 하였는데 3번 연속으로 배탈이 났습니다. 창자가 꼬이는 듯한 복통에 식은땀이 흘렀고, 점심시간이 되면 직원들이 식당으로 향할 때 나는 병원으로 발걸음을 옮겼습니다. 결국 세 번째 링거를 맞으며 누워 있던 병원 침대 위에서 고민 끝에 금주를 결심했습니다.

그날 이후 나는 술을 끊었고 직원들과 주변에도 금주 사실을 선포했습니다. 당시 현장에서는 "술을 못 하면 일도 못한다"라는 말이 떠돌던 시절이었습니다. 신입사원이 술을 안 하겠다고 선언하니 일부 선배들은 대놓고 불편한 기색을 드러냈습니다.

하지만 내 몸은 내가 지켜야 했습니다. 아무리 눈치가 보이고 욕을 먹어도, 금주는 나 자신과의 약속이었습니다. 이후로도 여러 회식 자리가 있었지만, 나는 조용히 자리에만 함께했고, 술잔은 비워두었습니다. 시간이 지나면서 회식 문화도 바뀌었고 사람들도 내 스타일을 이해해 줬고, 벌써 30년이 지났습니다.

현장 사무소에 살림을 차린 소장

군산시 나운동 아파트 건설 현장은 신입사원이 경험하기엔 꽤 큰 규모였습니다. 건축소장님을 중심으로 건축 감독 3명, 토목 감독 2명, 기계 감독 2명, 전기 감독 2명, 그리고 사무 업무를 맡은 여직원까지… 각자 역할은 다르지만, 하나의 현장을 완성하기 위해 모두가 협력하는 조직이었습니다.

다행히도 전기 감독으로 함께 일하게 된 동료는 대학 친구였습니다. 직장에 먼저 입사한 선배이기도 했던 그는 편안한 분위기를 만들어주었고, 나는 그의 안내를 받으며 현장 업무를 빠르게 익혔습니다.

도면을 읽는 법부터 시작해 시방서, 상세도, 설계 지침, 견적 지침까지 꼼꼼히 공부했습니다. 자재가 들어오면 검수를 하고, 전기 업체가 공사를 하면 현장에 나가 시공 상태를 확인하며 계획대로 공사가 진행되는지 체크를 했습니다. 수급업체 소장, 현장대리인, 작업자들과 소통하는 방법도 하나하나 배웠습니다. 현장은 학교와는 전혀 달랐습니다. 이론만으로는 통하지 않았고, 무엇보다 '사람'을 이해해야 일이 풀렸습니다. 때로는 한전, 통신공사, 소방서 등 유관기관과 협의를 하였는데, 그때마다 친구 감독이 옆에서 든든한 멘토가 되어주었습니다.

공종별(건축, 토목, 기계, 전기, 정보통신, 조경 등)로 나뉘어 도면을 따라 작업을 하지만, 하나의 작품이 만들어지기까지 공종별로 연관되어 있고 또 도면에 일부 오류도 있어 실제 시공하기 전에 모든 공종이 모여 도면을 검토하면서 오류를 찾아내 재시공을 최소화합니다.

슬라브 위에서 전기 배관 시공을 확인하다 보면 철근에 걸려 바지가 찢기는 건 예사였고, 옷에 레미콘이 묻은 경우도 많았습니다. 지금 돌아보면 그때의 찢긴 바지들은 내 성장의 표식이었습니다.

어느 날, 전기업체 사장이 돌연 잠적했습니다. 본사에서 지원이 되지 않으니 작업은 중단되었고, 현장은 멘붕에 빠졌습니다. 친구 감독과 함께 사장의 집을 직접 찾아갔습니다. 휴대폰이 없던 시절이라 연락도 되지 않고, 사장이 돌아올 때까지 그 집에서 밤늦도록 기다렸습니다. 결국 그날 우리는 사장 집에서 잠을 잤습니다. 지금이라면 상상도 못 할 일이지만, 당시엔 오직 '문제를 해결해야 한다'는 생각뿐이었습니다.

친구는 1공구를 맡고 있었고, 나는 2공구를 담당하고 있었습니다. 1공구 전기업체 소장은 여러모로 문제가 있었습니다. 그는 현장 내 전기사무실에 살림집을 차렸고, 아침이면 작업자들이 그의 아내에게 식권과 간식을 받아 갔습니다.

심각한 건 시공 단계에서 드러났습니다. 레미콘 타설 전에는 전기, 정보통신, 소방, 설비 배관이 먼저 완료되어야 합니다. 어느 날에는 아직 전기 배관도 하지 않은 상태에서 레미콘 트럭이 오자 그는 "레미콘을 타설하라"라고 말했습니다.

타설 직전, 친구 감독은 우리 2공구 전기업체의 도움을 받아 급히 배관 작업을 시작했고, 나는 옆에서 시공을 확인했습니다. 정신없는 시간 속에서도 우리는 배관 없는 상태로 콘크리트 타설만큼은 막아야 했습니다.

작업이 끝난 뒤, 친구는 소장에게 따졌습니다. "왜 배관도 하지 않고 타설을 하라 했냐?"라고 묻자, 그는 믿기지 않는 말을 했습니다. "나중에 콘크리트를 걷어내서 배관 공사를 하면 됩니다." 친구는 분노를 참지 못하고 그를 크게 질책했고, 이후 문제의 전기 소장은 교체되었고, 현장은 다시 안정을 찾았습니다.

그때 배운 건 기술이 아니라 '책임감'이었습니다. 현장에는 철근도, 콘크리트도 있지만 그보다 더 중요한 건 '사람'이었습니다.

내가 시공을 확인하며 배운 것들, 밤새 사장을 기다리며 느낀 무력감, 잘못된 결정을 바로잡는 용기까지. 모두가 결국 '사람으로부터 배우는 일'이었습니다.

설계변경은 여관에서

시공사인 전기 소장은 도면대로 시공을 하고 준공을 하면 됩니다. 하지만 현장에서 일을 하다 보면 도면대로 시공을 할 수 없는 경우도 있습니다. 현장 여건상 도면과 다르게 시공을 해야 하는 경우, 설계도면 간 상호 오류, 자재와 시공 방법 등의 개선, 발주 시점과 시공 시점에 2~3년 정도의 차이가 있어 관련 법이 바뀐 경우, 사업승인 조건 등 인허가 사항을 충족하기 위해, 물가가 많이 올라 물가연동제를 통하여 수급업체에 일부 반영해 주는 경우 등, 설계변경 업무를 해야 하는 경우가 많이 있습니다.

그 당시 설계변경 업무는 사무실 인근의 여관방을 잡아 현장대리인과 감독원이 함께 며칠간 작업을 하였고, 결재를 하시는 차장님은 한 번씩 여관방에 들르셔서 독려를 하였습니다.

지금은 그런 경우가 거의 없지만 그 당시에는 악덕 하도급 업체들이 근로자 노임을 체불하고 떼어먹는 경우가 많이 있었습니다. 발주처인 우리는 수급업체에게 기성을 통하여 공사비를 지급하고, 수급업체는 다시 하도급업체에 공사비를 지급합니다. 하도급업체가 영세하여 노임을 체불하였고, 돈을 받지 못한 근로자들이 술을 먹고 우리 사무실로 찾아와서 유리창을 부수고 돈을 달라는 경우도 많이 있었습니다. 또 명절 즈음에는 재건단과 마을 주민들이 현장 사무실에 찾아와, 원활하게 공사 진행을 하려면 기부금을 강요하여 반강제로 기부하였습니다.

50m 굴뚝을 오른 이유?

그 시절, 아파트 난방은 벙커 C유를 사용하는 중앙난방 방식이었습니다. 넓은 보일러실 한가운데 거대한 보일러가 놓여 있었고, 거기서 뻗어 나간 배관을 통해 각 세대에 따뜻함이 전달되었습니다.

배출 가스는 50m나 되는 굴뚝을 타고 하늘로 올라갔습니다. 그 굴뚝의 안전장치라고는 계단 난간뿐이었습니다. 그야말로 '위험'이라는 단어를 온몸으로 느끼는 구조물이었죠.

굴뚝 상단에는 낙뢰로부터 건물을 보호하기 위한 피뢰침이 설치되어 있었고, 전기 감독인 저는 그 피뢰침 시공을 확인하는 업무를 맡고 있었습니다.

솔직히 망설였습니다. 눈 앞에 펼쳐진 아찔한 높이, 거센 바람, 한 손으로 난간을 잡고 올라야 하는 금속 계단. 그때 선배 기계 감독이 한마디 하셨습니다. "심 감독, 무서워서 굴뚝에 못 올라가겠지?" 장난 섞인 말이었지만 제 안에 있던 '객기'에 불을 붙였습니다. 군 제대 후 쇠라도 씹어 먹을 것 같던 젊은 날, '그깟 굴뚝, 내가 못 올라가겠냐' 하는 마음으로 철계단을 하나하나 밟아 올랐습니다.

굴뚝 꼭대기에서 내려다본 세상은 두려움 반, 성취감 반이었습니다. 숨을 가다듬고 피뢰침 시공 상태를 꼼꼼히 확인한 뒤, 마침내 내려왔을 때 선배님이 한마디 하셨습니다.

"대단한데? 너, 믿음직하다." 그 짧은 한마디가 제게 큰 자신감을 주었습니다. 이후로 어떤 일이 닥쳐와도 '굴뚝도 올라갔는데…'라는 마음으로 두려움 대신 용기로 마주했습니다.

우리 현장 옆에는 보육원이 있었습니다. 당시 소장님은 신실한 크리스천이셨는데 어느 날 조용히 말씀하셨습니다. "우리, 저 아이들 도와주면 어떨까?" 그 말에 우리는 매달 월급에서 1~2만 원씩 모았습니다.

적은 돈이었지만, 그 마음으로 학용품을 사고, 과일과 과자를 사서 아이들을 찾아갔습니다.

아이들의 눈동자에 비친 순수함, 작은 선물 하나에도 웃음 짓던 얼굴, 그 모든 장면이 지금도 잊혀지지 않습니다. 그 이후로 우리는 수급업체와 함께 헌혈도 하고, 이웃돕기도 하며 조금씩 '사랑의 실천'을 이어갔습니다.

50m 굴뚝 위에서 얻은 용기, 그리고 보육원 아이들로부터 배운 나눔. 그 모든 경험이 지금의 나를 만들었고, 어디서든 사람을 먼저 바라보는 시선을 제 안에 심어주었습니다.

아파트 굴뚝 피뢰침

4

두 번째 현장 이야기

no pain no gain

군산시 나운동 현장의 준공 및 입주를 완료하고, 김제시 요촌동 아파트 현장으로 발령을 받았습니다. 그곳은 저의 첫 '단독 현장'이었습니다.

이전처럼 선배 감독이 이끌어주는 구조가 아니라, 모든 결정을 스스로 내려야 했고, 문제가 생기면 제 이름으로 책임을 져야 하는 자리였습니다. 긴장이 되었고, 솔직히 두려움도 있었습니다. 하지만 운이 좋게도 이번 현장은 여러모로 순조로웠습니다.

무엇보다 다행이었던 건 수급업체가 탄탄했다는 점입니다. 전기 소장은 경험도 많고 유능했습니다. 시공 품질도 좋았고, 다른 공정들과의 마찰도 거의 없었습니다. 본사의 지원도 좋았고, 모든 게 협조적으로 흘러갔습니다. 그래서였을까요? 이 현장에서 기억나는 고생담이 없습니다. 그런 현장도 있다는 걸 그때 처음 알았습니다.

감독으로 일하면서 시공업체 현장소장, 현장대리인과 첫 미팅 자리에서 늘 이런 질문을 던집니다. "예전에 어떤 감독이랑 일하셨어요?" 그리고는 전임 감독에게 전화를 걸어 묻습니다. '사람 됨됨이는 어떤지', '업무는 꼼꼼한지, 신뢰할 만한지' 그게 곧 함께 일을 할 수 있는 기준이 되었으니까요.

한 번 같이 근무했던 사람은 언젠가 다른 모습으로 다시 만나게 됩니다. 그래서 전 늘 생각합니다. "지금 내 앞에 있는 사람이, 언젠가 나를 기억할 때 좋게 떠올릴 수 있도록 일하자."

감독이 좋은 수급업체를 만나야 일이 수월하지만, 수급업체 역시 좋은 감독을 만나야 일하기가 편합니다. 베테랑 감독은 현장 민원도, 타 공정 간 갈등도 빠르고 정확하게 조율할 수 있습니다. 하지만 경험이 부족한 초보 감독은 결정을 망설이고, 때로는 잘못된 판단을 내리기도 합니다. 그래서 서로 잘 만나야 현장이 '잘 돌아갑니다'.

전기감독원의 역할은 한전으로부터 전기를 공급받아, 각 세대와 승강기, 배수펌프, 급수펌프 등 공용 설비에 전기를 공급하여 정상 작동 여부를 확인하고, 낙뢰 등으로부터 설비를 보호하기 위해 피뢰설비, 접지 공사와 태양광 발전설비 등을 검수하는 업무를 담당하고 있습니다. 또, 전기공사계획신고, 전기사용신청, 전기안전관리자 선임신고, 전기사용전검사, 승강기 완성검사 등 각종 인허가를 담당합니다.

지금 고생 중인 분이 계시다면 말씀드리고 싶습니다.

지금의 시간은 분명 힘들고 버겁습니다. 하지만 시간이 흘러 뒤돌아보면, 그 모든 순간은 고스란히 추억으로 남습니다. 같이 고생했던 동료들은 평생의 인연이 되고, 그 인연은 다시 삶의 버팀목이 되어줍니다.

오늘의 어려움을 단순한 고통으로만 보지 마세요. 이 순간은 '아름다운 추억의 씨앗'이 됩니다. 그 씨앗은 언젠가 단단한 뿌리를 내리고, 커다란 나무가 되어 당신을 지켜줄 것입니다.

5

세 번째 현장 이야기

DC 4선 공통방식의 실패

정읍시 수성동 아파트 공사현장. 나는 그곳에서 잊지 못할 많은 경험을 하였습니다.

공사는 순조롭지 않았습니다. 아파트 공사를 진행하다가 건설업체가 부도가 났으며, 보증업체가 공사를 재개하였으나 그 업체마저도 부도가 났습니다. 결국은 (내가 알기로) 발주자가 처음으로 직접 공사를 맡아 직영처리를 하여 공사를 완료하고 입주를 시켰습니다.

부도로 인해 공사를 타절(打切) 하는 과정에서 수차례 폭력과 협박 등이 있었습니다. 건축 토목 기계가 한 건설업체와 계약되어 있어서, 직영 처리하는 동안 해당 공종 감독들이 직접 은행에 가서 돈을 찾아와서 인부들에게 서명을 받고 돈을 지급하였습니다.

내가 담당하는 정보통신공사도 인터폰 공사에 문제가 있었습니다. 이전까지는 인터폰 선로가 각 가정과 경비실이 직접 연결되는 1:1 방식이었으나, 우리 현장에서 시범사업으로 4선 직류(DC) 공통방식이 적용되었습니다.

이 방식은 경비실에 정류기를 설치하여 정류기에서 공급하는 DC 전원선 2가닥과 통신선 2가닥, 총 4선으로 각 가정과 경비실을 공통으로 연결하는 방식입니다. 원가절감과 시공성 향상의 장점이 있어, 기술이 안정적으로 검증되지 않은 상태로 우리 현장에 시범 적용하였습니다.

전기는 거리가 멀수록 전압 강하가 생기게 되는데 DC 전원도 마찬가지입니다. 그리고 세대에서 인터폰을 사용하면 전압 강하는 더 떨어지게 됩니다. 이론상 계산된 정류기 용량을 각 경비실에 설치하였고 시 운전을 할 때는 이상이 없었으나 얼마 지나면 인터폰 전체가 먹통이 됩니다. 공사가 준공되어 입주가 코앞인데 인터폰은 계속 다운되어 책임자인 나는 애가 탔습니다. 인터폰 제조 회사에 계속 다운되는 상태를 알렸고, 인터폰 개발자인 공학박사들이 현장에 왔으며, 수급업체 직원들과 함께 며칠을 밤낮없이 씨름하였습니다.

결국 원인을 찾았는데 전압 강하 때문이었습니다.

전압 강하가 심하여 몇 세대만 인터폰을 사용하면 다운되었기에 중간중간에 전원을 보강하였습니다. 정류기를 각 동 지하에 따로 설치해봤지만 무용지물이었습니다. 수많은 시행착오 끝에 결국 각 세대 인터폰 설치용 박스 안에 작은 크기의 SMPS(전원공급장치)를 넣어 전압 강하를 해결하자 안정되었고, 무사히 입주를 할 수 있었습니다. 이 사건 이후로 4선 직류 공통방식은 없어졌고 인터폰 전원은 각 세대 콘센트에서 AC로 공급하는 방식으로 바뀌었습니다. 며칠간 잠도 자지 못하고 마음고생을 많이 했지만 여러 공부와 경험을 하였습니다.

현장에서 사용하는 공사용 자재는 사급자재와 지급자재로 나눕니다.

사급자재는 수급업체가 구매하여 사용하는 자재이며, 지급자재는 한국전력공사, 한국토지주택공사 등 발주처에서 지급하는 자재입니다. 지급자재 지정은 중요한 자재이거나 중소기업보호 육성 등 국가 시책으로 정해지는 경우가 있습니다.

전기공사 지급자재 중에 수배전반이 있습니다. 이는 한전으로부터 22,900V의 특별고압을 받아 380/220V로 변환하고 안전하게 각 세대와 설비에 공급하는 중요한 자재입니다. 그래서 기술력이 뛰어나고 납품 실적이 있는 업체를 선정하고 설치합니다.

정읍 수성 현장은 건설업체 연쇄 부도 등으로 공사가 늦어져 준공일이 코앞이라 수배전반 설치 및 시운전을 새벽까지 하였고, 감독으로 끝까지 현장에 같이 남아 검수를 하였습니다.

마침 아내가 둘째를 출산하여 전주에서 산후조리 중이었기에, 수배전반 업체 담당자와 함께 집으로 가서 잠시 눈을 붙이고, 아침 식사를 한 뒤 다시 출근한 기억이 지금도 생생합니다.

잠 못 이루던 그 며칠 밤, 저는 고장 난 인터폰보다 제 마음이 더 먹통이 되는 줄 알았습니다. 또 감독으로서 책임감과 같이하는 사람이 있어 고생도 기꺼이 이겨낼 수 있었습니다.

아차! 전기사고

아파트 전기실은 사람의 심장과 닮았습니다.

심장이 피를 온몸에 보내듯, 전기실은 한전에서 받아온 22,900V의 고압 전기를 380/220V로 낮춰, 각 세대와 펌프실, 보안등, 공용 설비로 나눠 보내줍니다. 전기실이 멈추면 아파트는 멈춥니다. 그만큼 철저한 관리와 안전이 필요한 공간입니다.

정읍의 아파트 현장에서 수배전반을 점검하고 있는데, 한 패널의 내부 조명등이 켜지지 않았습니다. 유심히 들여다보니 조명기구의 베이스 접점이 눌려 있었기에, 주머니에 있던 자동차 열쇠를 꺼내 접점을 피려던 순간, '번쩍!' 쇼트가 났습니다.

열쇠는 일부 타서 변색 되었고, 순간 제 심장도 함께 타는 줄 알았습니다. 다행히 면장갑을 끼고 있어 감전은 피할 수 있었지만, 그 아찔함은 지금도 잊혀지지 않습니다.

"전기는 절대 가볍게 다뤄서는 안 되는 것"이라는 사실을 다시 깨달았습니다.

실제로 제 선배 중 한 분은 줄자로 수배전반 내 기기 간격을 측정하고 줄자를 감기 위해 손을 놓았는데, 그 줄자가 기기 사이로 빨려 들어가면서 22,900V 전압에 감전당한 일이 있었습니다. 다행히 생명은 건졌지만, 긴 병원 생활이 뒤따랐습니다.

전기실 사고는 때때로 예상치 못한 곳에서 찾아옵니다.

○○ 단지에서는 수배전반 바로 위로 단지 급수관이 지나가고 있었는데, 물이 공급되면서 압력이 걸리자 배관이 흔들려 끝내 파열되었고, 전기실이

물에 잠기며 정전이 발생했습니다.

한전과 전기안전공사에서 긴급 출동하여 배수펌프 수십 대를 가동하고 안전을 확인한 뒤에야 다시 전기를 공급할 수 있었습니다.

또 ○○ 단지에서는 수배전반 조립을 위해 사용한 도구를 수배전반 버스 위에 놓고 치우지 않은 채 전기를 투입했다가 충격으로 그 도구가 떨어지면서 단락되어 정전 사고가 났습니다. 또 ○○ 단지에서는 수배전반 틈새로 들어온 쥐가 단락 사고를 일으켜 정전이 된 경우도 있었습니다.

현장은 언제나 변수가 많습니다.

그중에서도 전기는 보이지 않기에 더욱 긴장합니다. 한순간의 방심이 곧 사고로 이어질 수 있기에, 전기 감독은 늘 긴장 속에 살아갑니다. 그 긴장 속에서 누군가의 안전과 편안한 일상이 지켜집니다.

아는 것이 힘 5

전기 계량기가
옆집과 바뀌었어요

우리 집 전기 요금이 이상하다면?
― 옆집 계량기일 수도 있습니다

아파트에 살다 보면 참 다양한 하자를 겪게 됩니다. 그중 하나가 전기 계량기 오류, 정확히 말하면 옆집과 전기 계량기가 바뀐 경우입니다.

우리 집에서 전기를 거의 쓰지 않았는데 요금이 이상하게 많이 나오고, 반대로 아무리 많이 사용해도 요금이 조금 밖에 나오지 않는 마법이 발생할 수 있습니다. 그 이유는 우리 집과 옆집의 전기 계량기가 바뀌었기 때문입니다.

왜 이런 일이 생길까요?

수십, 수백 호가 비슷한 구조로 지어지는 아파트 건설 과정에서 전기 배관이 많고 복잡하게 얽혀 시공하다 보면, 세대 간의 전기 배관이 뒤바뀌는 실수가 생길 수 있습니다. 지금은 기능공의 숙련이 높아져 거의 없는 줄 알았는데, 며칠 전 제 블로그의 글을 보고 '뻐꾸맘' 님께서 자기 집의 계량기도 옆집과 바뀐 경험이 있다고 댓글을 달아주셨습니다.

전기 공사 내용

각 세대까지의 전기는 이렇게 공급됩니다. 한전 배전선로(22,900V)를 통하여 아파트 전기실로 인입되고, 전기실 변압기에서 220V/380V로 변환하여, 각 세대에는 220V를, 승강기, 급수 펌프 등은 380V를 공급합니다.

그리고 세대 내 전기공사 시공은 다음 순서로 이루어집니다. 골조공사 중 전기 배관을 콘크리트에 매립하고(배관 공사), 그 배관에 전선을 넣고(배선 공사), 스위치, 콘센트, 조명기구를 설치합니다.(기구 취부 공사)

아파트 각 동 지하의 전기 패널에서 시작된 전기 배관은 세대 계량기함을 거쳐 세대 분전반과 각 방의 스위치 콘센트 및 조명기구로 연결됩니다. 바로 이 계량기함과 분전반 사이 배관을 설치할 때, 옆집과 배관이 나란히 시공되는 경우가 많아, 조금만 부주의하면 연결이 뒤바뀔 수 있습니다.

계량기가 바뀌었는지 확인하는 방법

이사 후 전기 요금이 이상할 때, 다음과 같이 점검해 보세요.

집 안의 전등, 전열기구를 켭니다. 공용 복도나 계단에 있는 우리 집 전기 계량기를 관찰하여 동작하는지 확인합니다. 그다음 세대 분전반의 '메인 차단기'(맨 좌측)를 내립니다.

집 전체 전기가 가동되지 않으므로 계량기도 멈춰야 합니다.

멈춘다면 → 우리 집 계량기가 맞습니다.

계속 돌아간다면 → 옆집 계량기입니다.

계량기가 바뀌었다면 어떻게 해야 할까요?

바로 관리사무소에 문의하세요. 관리소에서는 전기 시공업체에 연락해 계량기 연결 오류를 확인하고 조치해 줄 것입니다.

전기 계량기 오류는 자칫 이웃 간의 불필요한 분쟁으로 이어질 수 있습니다. 서로 억울하고, 정산도 쉽지 않기 때문입니다. 작은 관심과 기본적인 전기 상식만 있다면, 불필요한 요금 납부도, 스트레스도 피할 수 있습니다.

오늘 당장 한번,
우리 집 계량기 제대로 연결되어 있는지 확인해 보시는 건 어떨까요?

2장

IMF 시절 이야기

1

제주 생활 이야기

사직서를 회수하다

1996년 6월, 대한주택공사에 입사한 지 6년 만에 제주지사로 발령을 받았습니다. 고향에서의 안온한 시간, 익숙한 현장과 정든 사람들과의 이별 뒤엔 섬이라는 단어가 던지는 낯섦이 있었습니다. '새로운 시작'이라기보다는, 왠지 '유배지' 같은 느낌이 먼저 들었습니다.

그런 생각이 나만의 것은 아니었습니다. 나보다 며칠 먼저 제주지사로 부임하신 한 건축 소장님도 발령을 통보받자마자 사직서를 인사처에 제출하셨습니다. 경기지사에서 어렵게 승진하신 직후였고, 승진을 위해 모 부장님과 동료들이 많은 양보와 노력을 기울였습니다. 사직서를 냈다는 소식을 들은 부장님은 화를 참지 못하시고 '제주도에서 1주일 근무하고 사표 내라'며 인사처에 달려가 직접 사직서를 회수하셨습니다.

그런데, 웬걸요. 소장님은 막상 제주에 내려와 일주일 근무해 보시곤 전혀 다른 세상을 발견하셨습니다. 아름다운 자연, 조용한 근무 분위기, 무리하지 않는 일정과 사람들. 도시의 분주함에서 벗어난 삶은 그에게도 만족을 주었습니다. 그는 제주에서 만족스럽게 2년을 근무했고, 훗날 제주를 찾은 부장님께 자기 차량에 과일과 음료를 가득 채워드림으로 그 은혜를 갚았습니다.

나는 전세로 살던 집에 후임 세입자가 나타나지 않아, 먼저 제주로 건너가 사택에서 생활을 하였고, 아내와 아이들은 전셋집이 나간 후에 제주로 왔습니다. 제주지사는 막 신설된 조직이었고, 기술부 내근 부서에 배치되었습니다.

현장 지원, 하자 보수, 사업승인, 도청, 한전, 통신공사, 소방서와의 유관기관 협의까지 가릴 것 없이 여러 업무를 맡았습니다. 일은 많았지만, 책임감으로 즐겁게 일을 하였습니다.

신앙생활도 열심히 하였습니다. 매일 새벽기도회에 참석하였고, 사모님이 교회 봉고차를 운전하시며 성도들을 태우시는 모습을 보고 내가 직접 자청하여 새벽 차량 봉사를 시작했습니다. 훗날 은퇴 후, 차량 봉사에 필요할 것 같아 운전면허 1종 대형도 취득하였습니다. 또, 교회학교 유초등부 교사를 맡아, 매일 기도하고, 매주 전화하고, 매월 편지를 썼으며, 공과 공부도 열심히 준비하여 아이들의 영적 양식을 공급했습니다.

제주는 처음에는 두려웠던 땅이었습니다.

마음이 내키지 않았던 낯선 섬. 하지만 제주도는 내게 새로운 시선과 여유를 가르쳐 주었습니다. 강요되지 않은 인간관계, 서두르지 않는 시간의 흐름, 그리고 어느새 익숙해진 바람. "인생에서 가끔은, 억지로 밀려난 자리에서 진짜 내 자리를 발견할 수도 있다."

그 사실을 나는 제주에서 배웠습니다.

소방설비기사 자격증 있는 사람?

건설공사는 많은 사람의 협업으로 이루어집니다. 설계자는 건물의 기초가 되는 설계도를 그리고, 시공자는 그 설계도에 맞게 건설을 담당하며, 감리자는 그 과정이 제대로 이뤄졌는지 확인합니다. 그리고 그 모든 일에 비용을 지급하는, 말하자면 '주인'은 발주처가 있습니다.

감리 제도가 정식으로 도입되기 전, 전기, 정보통신, 소방공사 감리 업무는 우리 회사 직원들이 맡았습니다. 그러다 법이 바뀌면서, 감리는 감리 자격증 소지자만 가능하였습니다.

특히 소방감리는 소방설비기사 자격증을 가진 사람만 맡을 수 있었습니다.

문제는 우리 회사 기계직이나 전기직 직원들 대부분이 그 자격증을 보유하고 있지 않았다는 점이었습니다. 회사에서는 자격증을 선임하면 현장 1개 공구당 월 5만5천 원의 선임 수당을 지급하기 시작하였습니다. 단돈 몇만 원이라지만, 그 '당근'은 생각보다 강력했습니다.

기계직, 전기직 감독들 사이에 소방설비기사 취득 열풍이 불었습니다. 나 역시 그 흐름 속에서 1998년, 소방설비기사 자격증을 취득하였습니다.

그 무렵, ○○본부엔 소방설비기사 자격증을 가진 기계직 직원이 딱 한 명뿐이었습니다.

2장 IMF 시절 이야기

그는 본부 내 거의 모든 현장에 이름을 올리게 되었고, 매월 30만 원 이상의 선임 수당을 받게 되었습니다. '당근'이 현실이 되었고, 그 모습을 본 직원들은 더욱 의지를 불태웠습니다. 사실 자격증 하나가 회사나 현장의 판도를 바꾸지는 않습니다. 하지만 사람의 의욕을 바꾸고, 그 의욕이 만들어낸 작은 변화들이 조직 전체의 성장을 이끄는 큰 힘이 됩니다.

스포츠에서도 비슷한 일이 있습니다.

우리나라가 면적도 작고 인구도 많지 않지만 세계적인 스포츠 강국이 될 수 있었던 배경엔 올림픽 메달리스트에게 주어지는 '포상금, 군 면제, 평생 연금'이라는 막강한 당근이 있었습니다. 그 당근이 있었기에, 많은 선수들이 밤새도록 땀을 흘릴 수 있었고 결국은 태극기를 게양대 맨 위에 올릴 수 있었습니다.

우리는 때때로 '보상이 없으면 열정도 없다'는 말을 부정적으로 받아들이곤 합니다.

작은 당근은, 자신의 능력을 확장하게 만드는 정직한 동기이자, 조직의 에너지를 바꾸는 순한 자극제이기도 합니다. 그리고 그 당근 하나가 사람을 바꾸고 조직을 바꾸고 나아가 사회의 흐름까지도 바꿉니다.

신구간 이야기

제주에는 '신구간(新舊間)'이라 불리는 특별한 시기가 있습니다. 음력 절기상 '대한' 이후 5일째부터 '입춘' 3일 전까지, 정확히 일주일간 이어지는 이 기간은 하늘의 신들이 지상을 떠나는 시기라 하여, 제주에서는 전통적으로 이사나 집수리 같은 큰일을 하기에 가장 좋은 시기로 여겨집니다. 지금도 제주 사람들 사이에서는 이 시기를 맞춰 움직이는 풍속이 남아 있습니다.

  1998년 1월, 바로 이 신구간을 앞뒤로 하여 제주시 화북동의 한 아파트 단지가 입주를 시작했습니다. 새해와 함께 새집에 들어가는 기쁨도 잠시, 예상치 못한 문제가 터졌습니다. 각 세대로 도시가스를 공급하는 가스 정압실에 문제가 발생한 것입니다. 보일러가 제대로 작동하지 않아 난방이 되지 않았고, 한겨울 추위 속에 입주민들은 큰 불편을 겪었습니다.
  현장 직원들은 퇴근도 못하고 각 세대를 돌며 보일러를 점검하고, 전기장판을 나눠주는 등 온 힘을 다해 상황을 수습했습니다. 평소 같으면 설 명절을 맞아 고향을 방문하고 부모님을 뵙고 왔겠지만, 그해 설에는 모두가 제주에 남아 입주민들과 함께 그 시간을 보냈습니다.
  불편함을 감내하며 현장에 머물렀던 그 며칠이 지금도 또렷하게 기억납니다.
  그 무렵, 동절기에는 '동절기 공사 중단 기간'이 있어 전국에 있는 모든 감독원들이 속초 연수원에 모여 동절기 감독원 교육을 받았습니다. 법 개정 사항, 설계 변경 사항, 현장 사고 사례 및 주요 하자 사례 등을 전파하는 실무 교육이 이어졌고, 건설처장님의 강의시간에는, 제주 화북 가스 공급 오류 사례가 단골 메뉴로 등장했습니다. 화북 현장 직원들은 며칠 밤을 지새우며 가스 공급 안정화를 위해 진심을 다해 고생했습니다.

한편, 전기 공급은 비교적 순조로웠습니다. 전기는 한국전력공사에서 공급받는데, 공급 방식에는 크게 2가지가 있습니다. 하나는 땅 위에 전주를 세우고 전선을 설치하는 가공선로 방식이고, 다른 하나는 땅속에 배관을 묻고 그 안에 전선을 설치하는 지중선로 방식입니다. 지중선로는 도시미관에 유리하나 공사비가 비싸고 암반이 많은 제주에서는 시공이 더 어렵습니다. 화북 아파트의 경우, 당초 지중화를 검토했지만 암반 지형과 공사 기간, 비용 등을 고려한 끝에 가공선로로 결정했습니다. 다행히 전기 공사는 입주 전에 무사히 마무리되었고, 전기 관련 민원은 거의 없었습니다.

당시 육지에서는 IMF 외환위기로 모두가 힘들다는 소식이 들려왔지만, 제주에 머무는 동안에는 크게 실감하지 못했습니다. 그렇게 바쁘고 치열한 시간을 보내고 나서, 1998년 6월, 저는 서울본부로 발령을 받아 제주를 떠났습니다.

그해 겨울,
제주는 누군가에게 새로운 보금자리에서 삶이 시작되는 장소였고, 나에게는 또 하나의 소중한 현장 경험이 새겨진 시간이었습니다.

2

서울 생활 이야기

폭우로 단지가 침수되다

1998년 6월, 서울지역본부로 인사 발령을 받았습니다. 처음 제주로 발령 났을 때만 해도 "신설 본부"라는 이유로, 혹은 유배지처럼 느껴진다는 이유로 달가워하지 않았던 그곳.

하지만 2년이란 시간이 흐르자 마음은 정반대로 움직였습니다. 제주에서의 근무 여건은 물론, 자연환경과 삶의 여유가 소중했기 때문입니다.

제주 화북 택지 개발사업이 마무리되면서 전기직 TO가 줄었고, 제주지사에 근무 중인 전기직 세 명 중 한 명은 타 지역으로 전출을 가야 했습니다. 그런데 세 명 모두 제주를 떠나고 싶지 않았습니다. 제주지사에 제일 먼저 전입을 온 직원은 서울 출신으로 제주 여성과 한참 열애 중이었고, 고참 선배님은 나보다 늦게 전입을 오셨습니다. 우리는 함께 의논한 끝에 결국 내가 제주를 떠나기로 결정했습니다. 어쩌면 당연한 결정이었지만, 쉽지만은 않았습니다.

서울로 올라오자마자, 제주에서 함께 근무했던 직원이 노원구 상계동을 추천해 주었습니다. 상계 주공 7단지 아파트, 24평 복도식 아파트의 전세금은 4,000만 원. 제주에서 살다 온 나는 "왜 이렇게 비싸지?" 하고 놀랐지만, IMF 직전에는 6~7천만 원이던 아파트라고 했습니다. 그제야 서울이라는 현실이 실감 났습니다.

근무지는 한남동 외인아파트 관리소.

주한미군 가족들이 거주하던 단지였습니다. 나는 전기, 정보통신, 승강기 등 시설물 유지 보수와 미군 가족들의 입·퇴거 시 인스펙터(inspector)로 시설 점검을 맡았습니다. 미군 측은 한국인 군무원을 배정해 통역과 업무를 돕게 했습니다. 현장에서 일하다 보니 영어 회화 능력이 꼭 필요했습니다.

마침 미군 가족 중에 한국인을 대상으로 과외를 하던 분이 있어, 월 10만 원에 1주일에 두 번, 영어 공부를 시작했습니다. 짧은 시간이었지만 전기 업무와 영어를 함께 배우며 일에 몰입할 수 있었고, 용산 미 8군에 가서 소독 약제를 수령하는 업무도 즐거운 일이었습니다.

그해 여름,

폭우가 남산터널 도로를 따라 아파트 출입구로 쏟아졌습니다. 우리 직원들은 출입구 앞에서 일렬로 서서 판자를 들고 물길을 막아 보았지만, 결국 단지는 침수되고 말았습니다. 배수펌프를 재빨리 가동해 물을 퍼냈고, 다행히 큰 피해는 없었습니다.

수년 후, 뉴스에서 포항 아파트 지하주차장 침수, 오송 지하차도 침수로 인한 안타까운 인명피해 소식을 접하며, 그날의 기억이 떠올랐습니다. 홍수 때 물을 막기 위한 차수판은 반드시 필요하며, 요즘은 아파트 지하주차장 입구에 차수판을 설치하는 추세입니다.

1998년 9월. IMF 여파로 회사는 자회사 '뉴하우징'을 설립했고, 아파트 유지관리 업무가 이관되었습니다. 나는 계속 한남 외인 아파트에 남고 싶었지만, 자회사 전환 대상이 되었기에 결국 관리소를 떠나 서울본부 공무부로 발령을 받았습니다.

짧았지만 진했던 한남 외인 아파트에서의 근무.

미군 가족들, 군무원과 동료들, 침수 막던 폭우의 기억, 영어회화 책을 들고 퇴근하던 나날들. 이제는 모두 그리움으로 남았습니다.

미분양주택 판매전담팀 파견

1998년, 대한민국이 외환위기라는 파도에 크게 휘청거렸습니다. 거리는 침묵했고, 사람들의 표정에는 근심과 막막함이 어려 있었습니다.

IMF 외환위기란 1997년 말에 발생한 한국 경제에 큰 충격을 안긴 사건입니다.

IMF, 즉 '국제통화기금'은 금융 위기에 빠진 나라에 구제금융을 지원하는 국제기구입니다.

1997년 말, 한국은 외환 보유고 고갈과 국가 신용위기로 인해 IMF에 구제금융을 요청했습니다.

한보철강, 삼미그룹, 진로그룹, 기아, 대우…. 굵직한 대기업이 무너졌고, 그 여파는 중소 협력업체와 금융권을 쓰러뜨렸습니다.

동남은행, 동화은행, 경기은행, 충청은행 등이 역사 속으로 사라졌고, 상업은행, 한일은행, 서울은행, 외환은행, 국민은행, 주택은행 등이 합병되었습니다. 주가지수는 1994.11월 1,145에서 1998.6월 277까지 곤두박질쳤고, 실업률과 자살률은 연일 뉴스의 중심이었습니다.

정부는 IMF로부터 1997.12월 550억 달러를 지원받으면서, 재정 및 통화 긴축, 금융기관과 기업 구조조정, 노동시장 유연성 제고, 시장 개방 등 고강도 구조조정 요구를 받았습니다.

중산층은 무너졌고, 비정규직은 급증했습니다. 그러나 국민은 포기하지 않았습니다.

'아껴 쓰고, 나눠 쓰고, 바꿔 쓰고, 다시 쓰자' 아나바다 운동이 펼쳐졌고, 집안에 있던 금을 모아 나라를 돕는 '금 모으기 운동'이 시작되었습니다. 그 덕분에 한국은 2001년 IMF 구제금융을 조기에 상환했습니다.

우리 회사도 변화를 맞이했습니다.

관리업무를 '뉴하우징'이라는 자회사로 분리했고, 미분양이 넘쳐나는 상황에서 '판매전담팀'을 조직하여 아파트 판매에 적극 뛰어들었습니다. 부동산 중개업체에 판매 수수료를 지급하였고, 직원마다 판매 실적을 체크하던 시절. 전기직인 저도 전기 업무가 아닌 미분양주택 판매전담팀에 파견되었습니다. 우리는 양주시 일원을 돌며, 은행, 우체국, 관공서 등에 미분양 아파트 판매 팸플릿을 비치하였고, 병원이나 규모가 큰 사업장을 방문하여 미분양 아파트 판촉 활동을 하였습니다. 일부 직원들은 판매 실적을 올리기 위해 보험회사 직원들처럼 자신 명의로 계약서를 쓰기도 했습니다. 전국에는 미분양 아파트 물량이 넘쳐났고, 마이너스 프리미엄이 대세였습니다. 결국 회사에서는 계약금만 받고 잔금은 유예하는 고육지책도 시행했습니다.

1999년 전 직원에게 퇴직금이 강제로 정산되었고, 누군가는 그 돈으로 미분양 아파트를 샀고, 누군가는 주식에 몰빵했다가 퇴직금을 잃었습니다.

인생은 사인곡선처럼, 내리막이 있으면 오르막도 있고 궂은일이 있으면 좋은 일도 있고, 어두컴컴한 밤도 시간이 지나면 밝은 낮이 옵니다.

IMF를 조속히 벗어났듯이, 경기도 좋아지면서, 일부 직원이 산 서울 휘경아파트는 시세가 오르며 이익을 안겼고, 뒤늦은 질투와 논란도 있었습니다.

1개월의 짧은 판매전담팀 파견 근무는 제게 큰 교훈을 주었습니다.
'판매'의 중요성을 깨닫게 되었고, 반 강제로(?) 떠안은 아파트로 수익을 보는 직원을 보면서 '인생사 새옹지마'를 다시 한번 경험하였습니다.

한전과의 이설송전철탑 소송 전

새로운 자리 공무부에서는 더 큰 책임과 폭넓은 업무가 기다리고 있었습니다.

서울본부 공무부는 단 두 명의 실무자가 서울과 한강 이북의 경기 전역을 담당하고 있었습니다. 서울, 의정부, 구리, 남양주, 동두천, 포천, 고양, 파주, 양평, 가평… 30여 개의 현장.

전기공사, 정보통신공사, 승강기공사, 옥외 전기공사 등을 담당했습니다.

100여 명의 현장대리인들이 있었고, 매일 그들이 가져오는 수많은 문서와 공무 업무를 우리 둘이서 감당해야 했습니다. 설계변경, 물가연동제, 기성서류, 주요 자재 승인, 현황관리, 민원 대응, 자금계획 및 실적 입력, 분양원가 산정 및 팜프릿 검토, 수시로 오는 문서 수발 및 회신, 소송 자료 제출 등···. 업무는 폭증이라는 표현도 부족할 정도였습니다.

나의 책상 옆에는 작업용 보조 책상이 따로 있었습니다. 그 위에는 항상 서류 뭉치가 수북이 쌓여 있었고, 현장대리인들이 새로운 서류를 들고 오면 그 옆에 순서대로 쌓는 식이었습니다. 급한 문서부터, 오래된 순서대로 검토했고 처리했습니다. 며칠이 지나서야 해당 현장대리인에게 연락을 줄 수 있었습니다. 빠른 업무처리가 생존전략이던 시절이었습니다.

당시 나는 엑셀 프로그램으로 물가연동제 지수 조정률 계산 프로그램을 만들었고, 업체가 가져온 수치가 나의 프로그램 범위 안에 있으면 바로 승인을 내렸습니다. 하루에도 3~4건씩 물가연동제를 시행했고, 계약 건당 최소 두세 번은 연동 작업을 했습니다.

증액 연동제인 (ES)뿐 아니라 IMF 시절이라서 감액 연동제인 (DS)까지 경험한 시절이었습니다. 증액 연동제는 수급업체의 신청으로 시행하며, 감액 연동제는 발주처의 요청으로 시행합니다.

연동제 시행방법은 연도별로 조금씩 변해 왔으며 25년 현재 기준, 계약을 체결한 날부터 90일 이상 지나고, 품목조정률(또는 지수조정률)이 3% 이상 증감, 공사계약의 경우 특정규격의 자재별 가격이 15% 이상 증감 시

시행합니다.

그 무렵, 기억에 남는 소송이 하나 있었습니다.

한전이 우리 회사를 상대로 "상계지구 이설 송전철탑 손해배상" 소송을 제기한 사건이었습니다. 재판은 몇 년간 중단되었다가 내가 근무할 무렵 재개됐습니다. 우리 쪽 변호사 '법무법인 ○○'의 최○○ 변호사가 요청한 소송 자료를 찾기 위해, 나는 지하 창고로 내려가 먼지로 뒤덮인 10여 년 전의 서류를 며칠간 뒤졌습니다. 어렵게 찾은 자료를 들고 변호사에게 찾아가 설명을 덧붙이며 전달했습니다. 그 일로 태어나서 처음으로 재판정에 출석을 하였고 소송은 2003년, 양측의 중재와 협의로 마무리되었습니다.

같이 일하던 주무 대리가 승진하여 공무부를 떠났고, 내가 주무 자리를 이어받았으며, 본사 전기설계처에서 후배가 보조로 들어왔습니다. 몇 달간 함께 일하던 그 후배가 어느 날 말했습니다. "본사 설계처는 며칠씩 야근하면서 공사 발주를 끝내면, 잠시라도 쉬는데… 여기는 똥 쌀 시간도 없습니다." 그 말에 나도 웃었지만, 그 말이 웃픈 현실이라는 걸 누구보다 잘 알고 있었습니다.

당시 나는 거의 매일 새벽 출근, 밤 10시 퇴근을 반복했습니다. 주 40시간제 같은 단어는 없었던 시대였습니다. 그럼에도 버틸 수 있었던 이유는, 30대의 넘치는 에너지와 2000년 연말, 사장님께 받은 한 장의 상장 덕분이었습니다.

20여 년 후 인천본부에서 근무할 때, 현장에서 같이 근무하던 전기직 후배와 함께 인천본부에 갔습니다. 그곳에는 서울본부 공무부에서 함께 고생하던 기계직 후배가 있었는데 같이 간 전기직 후배에게, 한쪽 책상에는 항상 서류 뭉치가 몇 개씩 쌓여 있었고 정말 고생 많았던 그런 시절이 있었다고 이야기해 주었습니다.

그 시절, 서울본부 공무부는 내게 있어 빠르게, 묵묵하게 살아가는 방법을 알려준 곳이었습니다. 그러나 그 속에서도 사람을 향한 책임과 성실을 놓지 않았던 나날들.
지금 돌이켜보면, 그 모든 시간들이 내 삶을 조금 더 단단하게 만들고 있었습니다.

암 발병

서울에서의 삶은 치열함 그 자체였습니다. 거의 매일 새벽 출근, 밤 10시 퇴근의 반복. 온통 회사 일에만 매달리던 나날들.

그 사이, 아내는 아이 셋을 혼자 돌보며 하루하루를 버텼습니다. 천방지축으로 뛰어다니던 딸, 자주 토하던 큰아들, 그리고 서울에서 태어나 항상 업혀 있어야 했던 막내까지. 나는 그저 바빴고, 아내가 어떤 마음으로 하루를 살았는지 몰랐습니다.

나중에서야 알게 되었습니다. 아내가 막내를 업은 채 아파트 복도를 걷다가, 이런 생각을 했다고 합니다. "그냥, 여기서 뛰어내리면… 편할지도 모르겠다." 그만큼 깊은 우울감 속에서도, 아내는 단 한 번도 그런 말을 나에게 하지 않았습니다.

그러던 2003년 8월.

아내는 오른쪽 허벅지에 암이 있다는 진단을 받았습니다. 병명은 '활막육종'. 처음 들어보는 생소한 이름이었지만, 암이라는 단어 하나로 세상이 멈춘 듯한 기분이었습니다.

8월 12일, 서울대병원에서 3시간 40분에 걸쳐 수술을 받았습니다. 그 후, 7주간 35회 방사선 치료, 3개월간 4세트의 항암치료. 항암치료는 1세트 당 나흘간 주사를 맞았습니다. 첫날은 1시간, 둘째 날부터는 하루 10~12시간씩 항암 주사를 맞아야 했습니다. 나는 남편이자 보호자로서, 가능한 모든 시간과 에너지를 아내에게 쏟았습니다.

항암치료가 있는 날이면, 아침에 자가용으로 아내를 태워 서울대학교 병원에 데려다주고, 병원에서는 지하철로 출근했습니다. 퇴근 후에는 다시 병원으로 가 아내를 데리고 집으로 돌아왔습니다. 양가 부모님은 번갈아 전주에서 올라오셔서 아이들을 봐주셨습니다.

아내가 병원에서 회복하는 동안, 참 많은 분들이 찾아와 주셨습니다. 회사 동료들, 교회 지인들, 친척들…. 병실은 늘 문병 오는 사람들로 북적였고, 뜻밖의 이들로부터 병원비에 보태라며 전해준 봉투들이 있었습니다.

그중 가장 기억에 남는 건, 본사 신우회에서 전해준 100만 원 성금이었습니다.

하지만 저는 그 돈을 받을 수 없었습니다. 내 마음속에 떠오른 사람은 홀어머니와 어린 동생들을 부양하며 일하던 여직원이었습니다. 그녀에게 그 성금을 전달하며, 짧은 편지를 함께 남겼습니다.

"당신에게 더 필요한 이 돈이, 작은 위로가 되기를 바랍니다." 그녀는 조용히 말했습니다. "잘 알겠습니다. 고맙습니다."

그로부터 4년 후, 2007년 7월. 회사 게시판에서 그녀의 부고를 보게 되었습니다. 말없이, 조용히, 세상을 떠난 그녀의 이름 앞에서 나는 한동안 멍하니 서 있었습니다.

2004년 초, 아내의 병간호를 하며 시간을 쪼개 준비한 초급간부 승진 시험에 낙방했습니다. 그리고 결국, 나는 6년간의 서울 생활을 접고, 아내가 고향에서 편안하게 요양할 수 있도록 전주로 발령을 받아 내려왔습니다.

그 모든 시간을 온몸으로 살아냈기에 지금의 우리가 있습니다.

누군가의 고통은 겉으로 드러나지 않습니다. 말하지 못한 슬픔은, 더 오래 마음속을 울립니다. 그러니 곁에 있는 사람의 침묵에도 우리는 귀를 기울여야 합니다.

이 글은 아내와 나, 그리고 우리 가족이 함께 견뎌낸 가장 어두운 시간을 기억하며 남기는 기록입니다. 그리고 이 세상 모든 '말하지 못한 사람들'을 향한 조용한 응원입니다.

돈은 죄악이 아닌 아름다운 꽃

1998년, 서울로 이사 온 첫날, 회사로 향하던 아침.

7호선 건대입구역에서 환승하려고 내리는 순간, 사람들이 갑자기 뛰기 시작했습니다.

무슨 일이 일어난 줄 알고 놀랐습니다. 하지만 그건 단지, "더 빠른 환승"을 위한 서울의 일상이었습니다. 서울은 그런 도시였습니다. 속도를 삶의 기본값으로 삼는 도시.

그리고, 한 달이 채 되지 않아, 저도 모르게 그들과 함께 뛰고 있었습니다.

상계동 집에서 논현동 회사까지의 출근길은 결코 짧지 않았습니다. 그때는 아직 7호선이 강남구청까지 연결되지 않았던 시절이었습니다. 노원역에서 7호선을 타고, 건대 입구에서 내려서 2호선으로 갈아탄 후, 선릉역에서 내려 다시 버스를 타거나 걸어서 출근했습니다.

매일 반복되던 이 긴 여정은 서울살이의 리듬이자, 도시가 내게 가르쳐 준 첫 번째 교과서였습니다.

서울에 사는 동안 세 번의 이사를 했습니다. 2년마다 찾아오는 전세 만료, 그리고 집주인의 퇴거 요청. 집 없는 설움, 돈 없는 설움, 그때 처음 뼈저리게 느꼈습니다.

신혼 초, 회사에서 전세 계약서만 제출하면 무이자로 3,000만 원 전세자금을 지원해 줬습니다. 당시 은행 금리를 고려하면 매달 월급 절반에 해당하는 이자가 생기는 큰돈이었지만, 저는 그 지원을 받지 않았습니다. 동료들은 왜 받지 않느냐며 어리석다고 핀잔을 주었지만, 그땐 '돈은 죄악'이라는 생각이 머릿속을 지배하고 있었기 때문입니다. 특히 부정한 돈은 절대 가까이 하지 않았고 그 와중에 나는, 시공업체 현장 소장님, 현장 대리님들과 함께 매월 1만 원씩 모아 주변의 어려운 이웃을 도왔습니다. 그리고 정기적으로 헌혈도 하며, 작은 선행을 실천했습니다.

서울이라는 도시 속에 살면서 돈에 대한 가치관도 서서히 바뀌기 시작했습니다. 돈은 죄악이 아니었습니다. 그것은 때론 사람을 살리고, 사랑을 표현하고, 가치를 증명할 수 있는 수단이었습니다.

서울에서의 6년은, 미래에셋증권 박현주 회장이 말한 "돈은 아름다운 꽃이다"라는 문장을 가슴에 새기게 만든 시간이었습니다. 그 꽃은 욕심으로 피우는 것이 아니라 정직함과 사랑이라는 햇빛 아래서 피어난다는 것을 나는 그제야 비로소 알게 되었습니다.

서울은 저를 많이 바꿔놓았습니다.
빠르게 걷게 만들었고, 더 치열하게 살게 했고, 무엇이 소중한지를 가르쳐 주었습니다.

세 번이나 이삿짐을 쌌던 시간, 매번 짐 속에는 괴로움도 있었지만, 신념을 지키려 했던 작은 용기와 사람을 향한 따뜻한 마음도 함께 담겨있었습니다.

지금 다시 돌아봐도, 그 시절의 나에게 부끄럽지 않습니다.

서울은 나에게 많은 것을 빼앗아 갔지만, 그보다 더 소중한 깨달음을 주었습니다.

3

8년 만에 다시 전주 생활 이야기

우수 감독원 표창

2004년, 전북으로 발령을 받고 군산 동흥남 아파트 현장에서 근무를 시작했습니다. 명문인 군산고등학교와 인접한 탓에, 공사 과정에서 발생하는 소음과 먼지에 대한 민원은 끊이지 않았습니다. 그래도 민원을 줄이려 노력했고, 다행히 무사히 준공과 입주를 마칠 수 있었습니다.

이후, 전주 인후동 인후 농원 아파트 현장으로 발령을 받았습니다. 입사 후 처음으로 전주에서 근무하게 된 그 현장은 주변에 단독주택과 교회가 많아 민원이 더욱 빈번하게 발생했습니다. 그중에서도 ○○교회와의 갈등은 지금도 선명합니다. 공사 피해에 대한 협의와 보상을 해나가는 과정에서 교회 목사님과 사모님이 일반인들도 쓰지 않을 거친 언행을 퍼부었고, 선배 직원 한 분과 격한 말다툼까지 벌어졌습니다.

그 선배는 원래 신앙심 깊은 분이었습니다. 어려서부터 교회 중·고등부 회장을 맡으며 성실히 교회 생활을 했지만, 선배의 부모가 교회에 다니지 않는다는 이유로 교회 어른들에게 차별을 겪으며 마음에 깊은 상처를 입고 교회를 떠났습니다. 나는 오래전부터 그 선배가 다시 교회로 돌아오기를 기도해왔기에, 목회자 부부와 그런 갈등이 벌어졌을 때 마음이 너무 아팠습니다. 물론 공사로 인한 불편함은 배상해야 마땅했지만, 십자가를 지신 예수님의 사랑은 어디에도 보이지 않았습니다. 그때는 힘든 시간이었지만, 시간이 지나면서 민원도 하나하나 해결되었고, 모든 일은 결국 지나가게 된다는 단순한 진리를 다시 배웠습니다.

전기소장은 유능했습니다. 타 현장의 시공사례를 참고하며 협업과 사전 점검을 철저히 했고, 수급업체 본사의 지원까지 더해지며 무리 없이 준공과 입주를 마쳤습니다. 그 결과, 2009년 전주 인후 농원 아파트 전기공사는 품질 우수 현장으로 선정되었고, 그 공로를 인정받아 사장님으로부터 양질 시공 기여 유공직원 상장을 받았습니다.

그 시절, 현장 인근에 스포츠센터가 있었습니다. 나는 오랫동안 많이 망설여 왔고 용기없어 배우지 못한 수영을 배우기로 했습니다. 새벽마다 수영장으로 향했고, 운동 후 인근 식당에서 식사를 하고 사무실로 출근했습니다. 처음에는 물에 뜨지 않았고, 발차기를 해도 앞으로 나아가지 않았습니다. '수영에 소질이 없나 보다' 싶었지만, 하루도 빠짐없이 수영장을 찾았더니, 며칠이 지나자 몸이 물에 뜨기 시작했고, 자세가 안정되었고, 속도도 붙기 시작했습니다. 타고난 재능보다 중요한 건, 끝까지 포기하지 않는 성실함이라는 사실을 깨달았습니다.

지금은 20년 가까이 수영을 즐기고 있습니다. 접영, 배영, 평영, 자유형은 물론, 다이빙과 잠영도 자유자재로 즐깁니다. 접영과 잠영은 25m를 숨쉬지 않고 나아갈 수 있고, 자유형은 천천히 1,000m 이상을 멈추지 않고 즐길 수 있습니다.

친구들과 보라카이로 여행 갔을 때, 가이드에게 부탁해 넓은 바다에서 다이빙을 해보았습니다. 그 순간을 담은 영상은 내 카카오톡 프로필에 오래도록 저장되어 있습니다.

태양광 발전설비를 설치하다

전주에서 7년간 무주택으로 살면서 내 집 장만을 고민하게 되었고, 여러 검토 끝에 단독주택을 건설했습니다. 단독주택을 짓고 나서 가장 만족스러운 선택 중 하나는 바로 태양광 발전설비를 설치한 일입니다. 주택용 전기요금은 누진제가 적용되어 많이 쓸수록 기하급수로 요금이 올라갑니다. 특히 여름철 에어컨을 오래 틀기라도 하면 괜히 아이들한테 "조금만 참자"는 말을 하게 되었습니다. 그래서 태양광을 설치하기로 마음먹었습니다.

태양광 발전은 내가 생산한 전기를 내가 쓰는 자가용 발전과 내가 생산한 전기를 한국전력 등에 파는 사업자용 발전으로 나뉩니다. 나는 당연히 자가용 3kW 설비를 선택했습니다.

하지만, 결코 쉽게 설치할 수 있는 건 아니었습니다. 정부 보조금을 받으려면 허가받은 업체를 통하여 설치하여야 했기에, 허가받은 업체에 접수를 마치고 2년을 기다린 끝에 2013년 4월에 태양광 발전을 설치하였습니다.

총공사비는 1,000만 원이었지만 국가와 지자체에서 보조금 600만 원을 지원받았고, 자부담은 400만 원을 부담하였습니다. 태양광 발전을 설치 후

12년이 지나는 동안, 초기에 퓨즈가 몇 번 나간 걸 제외하곤 지금까지 고장 한번 없이, 효율 95% 이상을 유지하고 있습니다. 말 그대로, 태양이 매일 나를 위해 일하고 있는 셈입니다.

가정용 태양광 3kw를 설치했다면 하루 평균 4시간을 발전하므로 매월 평균 360kwh(3kw × 4h × 30일)를 생산합니다. 요즘은 전기 요금이 많이 올라서 매월 360kwh를 사용한다면 평일 기준으로 73,540원입니다.[한전 ON 사이트 참고]

그런데 태양광 발전으로 매월 360kwh를 생산했다면, 기본요금, 기후환경 요금, 연료비조 정액, 부가가치세, 전력산업기반기금은 부과되지만, 전력량 요금이 0원입니다.

따라서 매월 전기 요금을 6만 원 이상 절약합니다. 매월 6만 원으로 계산 시 1년에 72만 원 절약하므로 2~3년이면 손익 분기점을 넘기고, 자부담으로 설치한 경우에도 5년 이내에 이익이 발생합니다. 태양광은 보통 30년 정도 발전하므로 단독주택의 경우 가정용 태양광은 무조건 설치해야 합니다.

햇빛은 누구에게나 공평하게 내립니다. 하지만 그 햇빛을 내 집의 에너지로 바꾸는 일은 생각보다 많은 준비와 결단이 필요합니다. 매일 아침 창밖으로 쏟아지는 햇살을 보며 마음속으로 한마디를 되뇝니다. "햇빛이 내 통장을 채워준다."

우리 집 태양광 발전설비

4
천안 논산 생활 이야기

첫 주말부부

2012년, 대전충남본부로 발령을 받았습니다. 근무 부서는 '천안권 주거복지사업소'.

처음으로 천안에서 근무하게 되었고, 전주에서 매일 출퇴근하기엔 거리가 멀어서, 입사 후 처음으로 주말부부 생활을 시작했습니다.

그전까지는 제주, 서울, 전주 등으로 이사를 다니며 가족과 늘 함께했습니다. 아내는 전업주부였고, 아이들도 아직 어린 초등학생이었기에 함께 움직일 수 있었습니다. 하지만 이번에는 달랐습니다. 아내는 학원 운영과 기간제 교사로 일을 시작했고, 아이들도 중고등학생이 되었습니다. 나는 혼자 천안으로 향했고, 회사에서 마련한 숙소에서 주중을 보내며, 주말마다 집으로 돌아오는 생활이 시작되었습니다.

그러던 어느 날, 우리 사업소 관할 지역인 아산 배방의 한 아파트 단지에서 지하주차장 바닥에 물이 차오르는 심각한 하자가 발생하였고, 국토부에 아산 배방 ○○단지 하자 보수 TF가 조직되었습니다. 우리 회사도 급히 TF를 꾸렸고, 본사에서 본부장, 처장, 부장, 차장 등 주요 인력과 함께 각 공종별 전문가들이 투입되었습니다.

나는 전기 공종을 대표해 TF팀에 배치되었습니다. 정부 차원의 관심 사항이 된 만큼, 회사 사장님도 현장을 찾아 입주자들과 간담회를 가졌습니다. 그 자리에서 사장님은 "매주 직접 와서 챙기겠습니다"라고 입주민들과 약속을 하였습니다. 하지만 현실은 달랐습니다. 그 후 사장님은 다시 오시지 않았고, 그 약속은 주택건설담당 이사님이 대신 지켜주셨습니다.

이사님은 매주 현장을 찾아 직원들을 격려하고, 입주민들과 대화를 이어갔습니다. 우리는 아파트 인근 땅을 임시 주차장으로 확보하고, 지하주차장을 다 걷어내고 방수판을 새로 깔고 전면 방수 공사를 다시 했습니다. 입주민들에게는 보상도 이뤄졌습니다.

하자 보수 TF 팀은 토요일, 일요일 가리지 않고 돌아가며 근무했고, 입주민 설명회는 밤 12시 가까이 이어졌습니다. 민원은 날카로웠고, 공사는 까다로웠지만 TF 팀은 묵묵히 해냈습니다.

그렇게 1년 가까운 시간을 보내고 원 소속부서로 복귀했습니다. 고생이 많았지만, 매주 현장에 찾아와 주시던 이사님의 격려가 큰 힘이 되었고, 어려운 순간마다 곁을 지켜준 TF 팀 동료들 덕분에 포기하지 않을 수 있었습니다. 주위에 좋은 사람이 있다면, 어떤 어려움도 견뎌낼 수 있다는 것을 다시 한번 느꼈습니다.

1년 간의 노고를 인정받아, 다음 해에는 전주에서 가장 가까운 현장인 논산 내동 현장으로 발령을 받았습니다.

  2013년, 나는 1년간 다시 집에서 출퇴근하는 일상을 되찾을 수 있었습니다. 그해 봄, 전주에서 논산까지 달리는 길이 어쩐지 더 따뜻하게 느껴졌던 건, 고생 끝에 느끼는 뿌듯함과 매일 체험하는 가족의 사랑 덕분이었습니다.

아는 것이 힘 6

전기 요금 절약 꿀팁

사람이 살기 위해서는 필요한 것이 많이 있습니다. 의(衣), 식(食), 주(住)와 공기가 기본이며, 친구, 취미와 적당한 일도 필요합니다. 현대에는 전기도 반드시 필요합니다. 일상에서 전기를 사용하다 보니 요금이 많이 나오는데 아끼는 방법을 공유합니다.

첫 번째, 불필요한 전등은 소등합니다. 어떤 사람은 어두운 거 싫어한다고, 거실 화장실 부엌 방 등 자기가 다니는 동선의 조명기구를 모두 켜서 밝게 하고 사는 경우가 있습니다. 물론 밝으면 좋겠지만 전기 요금도 많이 부과되고 또 조명기구 수명도 빨라져서 조명기구 교체 비용이 들어갑니다.

두 번째, 전기 흡혈귀인 대기 전력을 차단합니다. 대기 전력은 TV, 선풍기, 에어컨, 세탁기, 건조기, 히터, 청소기, 컴퓨터, 모니터 등 전기기기를 사용하지 않지만 콘센트에 코드를 꽂아둘 때 흐르는 전기입니다.

한전 홈페이지 홍보영상 자료에 따르면 가정에서 소비하는 전력의 10%가 대기 전력으로 낭비된다고 합니다. 20kwh 대기 전력을 아끼면 매월 4~5,000원을 아낄 수 있습니다. 사용하지 않을 때 콘센트에서 코드 뽑기가 번거로우니 회로당 차단기가 있는 멀티탭을 사용해도 되고, 대기 전력 차단 콘센트가 개발되어 사용해도 됩니다.

세 번째, 고효율 제품을 사용합니다. 백열등, 형광등보다는 LED 조명을 사용합니다. 구입 비용은 몇천 원 비싸지만 사용 기간이 길고 전기 요금이 절약되어 결국은 이득입니다.

한전에서는 25.12.31일까지 전기 요금 복지할인 가구(다자녀, 대가족, 출산 가구, 장애인, 유공자, 기초 수급자, 사회복지시설, 차상위 계층, 생명유지 장치)를 대상으로 고효율 가전제품 구입 시 구매 비용의 일부(15~30%)를 지원해 주고 있습니다. (한국전력공사 홈페이지 - 한전 ON - 효율 향상 수요관리 - 고효율 가전)

네 번째, 냉장고 수와 양을 가볍게 합니다. 많은 가정에서 냉장고에 음식이 가득 있고 특히 몇 년 동안 먹거나 손도 안 대는 (정확히 말하면 냉장고에 그 음식이 있는지도 모르는 경우) 음식은 냉장고에서 바로 버려야 합니다. 오랫동안 냉장고에 있으면 음식에 곰팡이 나고 상하게 되는 경우가 있으니 당장 버려야 합니다. 냉장고에 음식이 많거나, 문을 자주 열고 닫으면 전력 소모가 많아 전기 요금이 많이 부과됩니다. 어떤 가정은 냉장고 김치냉장고 냉동고 등 3~4개씩 있는데, 적정 수량만 가동합니다. 몇 년째 냉장고에 있는 음식은 속히 버립시다.

다섯 번째, 전기 요금 할인 제도를 활용합니다. 대상 조건 중 해당하는 항목이 있다면 할인을 받을 수 있습니다.

1. 장애인, 국가 유공자(1~3급), 상이 유공자(1~3급), 독립유공자
   : 월 1.6만 원 한도(여름철 2만 원)
2. 기초생활 수급자 : 월 1만 원 한도(여름철 1.2만 원)
3. 차상위 계층 : 월 8천 원 한도(여름철 1만 원)
4. 사회복지시설 : 30% 할인
5. 3자녀 이상, 대가족(가구원 수 5인 이상), 출생일부터 3년 미만 영아 가구 : 30%(월 1.6만 원 한도)
6. 생명유지 장치(산소 발생기, 인공호흡기 사용자) : 30% 할인
7. 에너지 캐시백 : 주택용 전기 사용자가 과거보다 일정 수준 이상 전기 사용량 줄이면 캐시백을 드리는 에너지 절감 프로그램[신청은 한전 에너지 캐시백 검색, 한전 고객센터 123 문의하여 문자 수신, 한전 ON 사이트 접속, 전국 한전 사업소 방문 등]으로 직전 2개년 동월 평균 대비 3% 이상 절감한 경우 절감률 30%를 한도로 1kwh 당 30~100원 지급해 줍니다.

  여섯 번째, 문자메시지로 청구서를 수령하면 200원 할인이 됩니다.

  일곱 번째, 계약전력을 적정화(최소화)합니다. 특히 상가에 사용하는 일반용 전기의 계약전력은 적정하고 최소화하여 기본요금을 1kw 당 6,160원 줄일 수 있습니다. 계약전력을 1kw 만 줄여도 1년에 약 73,920원 절약합니다.

  여덟 번째, 가정용 태양광 설비를 설치합니다.(단독주택은 필히)
  자세한 내용은 [아는 것이 힘 8. 단독주택은 태양광 발전 무조건 설치] 참고

에너지 캐쉬백 신청하여 2,100원 할인

⚡ 전기인의 팁

참고로, 유용한 자료 홈페이지를 덧붙입니다.

한국전력공사 홈페이지 - 한전 ON - 전기 요금 - 전기 요금 제도 - 전기 요금 복지할인 현황

장애인, 상이 유공자, 독립유공자 : 월 1.6만 원 (여름철 2만 원) 할인

기초생활 수급자 : 월 1만 원(여름철 1.2만 원) 할인

차상위 계층 : 월 8천 원(여름철 1만 원) 할인

사회복지시설 : 30% 할인

3 자녀 이상, 대가족(세대원 수 5인 이상), 출생일부터 3년 미만 영아 가구 : 30%(월 1.6만 원 한도) 할인

생명유지 장치(산소 발생기, 인공호흡기 사용자) : 30% 할인

한국전력공사 홈페이지 - 한전 ON - 효율 향상 수요관리 - 에너지 캐시백 내용

에너지 캐시백 제도 소개, 신청 등

참고로, 도시가스 요금도 장애인, 국가유공자, 5,18 민주유공자, 독립유공자, 기초생활 수급자, 차상위 계층, 다자녀 가구 등도 1,650 ~ 24,000원까지 할인받을 수 있습니다.

3장

생생한
현장 이야기

1

세 번째 전주 생활 이야기

발주자 직접 시공 시범현장

2014년, 다시 전북으로 발령을 받았습니다. 전주와 완주에 걸쳐 있는 전북혁신도시 사업단에서 근무를 시작했고, 공동주택 건설업무를 담당했습니다.

혁신도시 현장은 택지 개발과 공동주택 사업이 병행되는 복합 프로젝트였습니다. 보통 아파트 건설 현장은 발주자가 수급업체를 선정하고, 수급업체가 하도급업체와 계약하여 공사를 진행합니다. 우리는 그 과정을 감리하고 감독하는 역할을 맡습니다.

하지만 전북혁신도시에서는 그 틀을 깨는 시범사업이 있었습니다. 수급업체를 거치지 않고, 발주자가 직접 하도급 업체를 선정해 공사를 시공하는 '직접 시공' 방식이 있었습니다.

처음엔 기대가 컸습니다. 중간 단계가 줄어드니 공사비를 절감할 수 있다는 논리였습니다.

그러나 현실은 녹록지 않았습니다. 직접 시공은 단순한 비용 절감이 아니라, 엄청난 업무 부담을 의미했습니다. 하도급 업체 관리부터 자재 구매, 계약 이슈까지, 모든 책임이 발주자에게 쏠렸습니다. 계약직 직원들을 다수 채용해 대응했지만, 효율성은 그리 높지 않았습니다. 결국 '원가 절감'이라는 목표는 기대에 못 미쳤고, 이 사업은 조용히 막을 내렸습니다.

이쯤에서 생각나는 또 하나의 기억이 있습니다. 바로 일부 전선이 물에 노출되면 절연이 파괴되는 전국적인 하자 문제였습니다. 아파트 세대 내 전등과 전열 기구에 사용하는 전선에는 HFIX 라는 전선을 사용했습니다. 저독성 난연폴리올레핀 절연전선입니다.

하지만 2013년경, 특정 회사에서 생산한 HFIX 전선에서 절연 파괴 현상이 발견되기 시작했습니다. 장시간 습기에 노출되면 전선의 절연이 약해져 합선 위험이 생기는 치명적인 하자였습니다. 전국적으로 비상이 걸렸습니다. 전국 현장을 대상으로 특정 회사의 해당 기간 제품 사용 여부를 조사했고, 아직 입주하지 않은 세대는 전선을 전면 교체했습니다.

이미 입주한 세대는 입주자와 일정을 조율해 교체 작업을 진행했습니다. 작업은 2인 1조로 이뤄졌으며, 가구를 옮기고, 냉장고를 밀어내고, 벽 속 배관을 따라 전선을 끌어내야 했습니다. 쉽게 빠지지 않아 낑낑대는 날도 많았습니다. 그래서 하루에 교체할 수 있는 세대는 평균 2~3가구에 불과했습니다.

특히 기억나는 건 ○○단지의 사례입니다.

입주 초기엔 아무 문제가 없었는데, 몇 개월이 지나자 서서히 하자가 발생하기 시작했습니다. 처음엔 1~2세대였지만, 곧 여러 세대로 퍼졌습니다. 처음엔 수급업체가 하자 보수를 진행했지만, 하자 보수 기간이 끝났다며 책임을 회피했고, 관리소에서 일시적으로 대응하다가 결국 하자 보수 소송으로 이어졌습니다.

전선 피복 쪼가리 몇 개 처리비용이 2,000만 원?

전북혁신도시 ○○단지 아파트. 입주가 막 시작된 어느 날, 한 입주자로부터 민원이 접수되었습니다. "거실과 주방, 방 안까지 물이 가득 차버렸어요. 가전제품과 가구가 다 젖어버렸습니다."

관리소 직원과 함께 급히 그 집으로 향했습니다. 도착했을 땐 물은 이미 빠진 상태였지만,

입주자는 휴대폰으로 찍어둔 침수 당시의 영상을 보여주었습니다. 영상 속엔 집안 구석구석 차오른 물로 냉장고, 가구 등이 잠겨 있었습니다. 비가 많이 오던 여름날. 해당 세대 뒷 베란다에는 옥상에서부터 지하층까지 우수관이 설치되어 있었는데, 그 세대에서 우수관이 막혀, 물이 아래로 빠지지 못하고 거실, 주방, 안방으로 넘쳐흘렀던 것이었습니다.

막힘의 원인은 생각보다 단순했습니다. 막힌 우수관 속에서 나온 것은 전기 전선 피복 조각 몇 개, 빵 비닐봉지 하나, 시멘트 모르타르 덩어리 일부였습니다. 이 작은 쓰레기들이 배관을 막고 결국 한 가정 전체를 물바다로 만든 셈이었습니다.

이 입주자는 벽지, 합판마루 등 하자 부위의 전면 재시공과 위자료를 요구했습니다. 결국 건축업체는 다시 시공을 하였고, 전기업체는 2,000만 원을 보상금으로 지급하며 사건은 마무리되었습니다.

고사성어에 화룡점정(畵龍點睛)이란 말이 있습니다. '용을 그린 뒤, 마지막으로 눈동자를 찍어 완성한다'는 의미입니다. 아무리 정성껏 용을 그려도, 눈동자 한 점이 없으면 살아있는 용이 될 수 없습니다.

소홀한 마무리가 수천만 원의 손실과 긴 시간의 분쟁으로 이어질 수 있다는 걸, 그날 우리는 다시금 깨달았습니다. 열심히 하는 것도 중요하지만, 마지막까지 잘 마무리하는 것이 진짜 실력입니다.

중요한 소방감리 업무

건설 공사에는 3가지 중요한 축이 있습니다. 설계, 시공, 그리고 감리.

설계자는 관련 법과 설계 기준에 따라 설계를 하고, 시공자는 그 설계도를 바탕으로 실체를 만들어냅니다. 그리고 감리원은 그 전 과정을 현장에서 꼼꼼히 확인하며, 설계대로 공사가 이루어지고 있는지 감독하고 검수하는 역할을 합니다.

건물이 안전하고 바르게 유지되기 위해서는 설계, 시공, 감리가 제 역할을 바로 해야 합니다. 이 세 요소는 모두 중요하지만 마지막 안전을 책임지는 감리는 말 그대로 '최후의 보루'입니다. 그중에서도 소방 감리는 사람의 생명과 직결되는 만큼, 그 책임과 무게가 남다릅니다. 소방 감리원이 되기 위해선 일정 기준의 자격과 경력이 필요합니다.

경력에 따라 초급, 중급, 고급, 특급 감리원 자격이 주어집니다.

○○현장의 경우,
공사 준공 시점에 기계 소방 현장대리인이 소방서의 직인을 도용해 가짜

완공 필증을 제출했습니다. 문서에는 버젓이 소방서 직인이 찍혀 있었고, 아무도 그것이 위조된 문서라고는 의심하지 않았습니다. 그렇게 아파트는 준공되었고, 사람들은 새집에 입주했습니다. 하지만 며칠 뒤, 관할 소방서로부터 청천벽력 같은 전화를 받았습니다.

"소방 완공 필증도 없이 입주가 진행됐습니다."

공사 관계자들은 충격에 빠졌고, 조사를 통해 위조 사실이 드러났습니다. 서류를 위조한 현장대리인은 물론, 이를 감독하지 못한 감리원도 검찰 조사를 받게 되었고, 결국 벌금형을 선고받았습니다. 한순간의 방심, 그 책임은 결코 가볍지 않았습니다.

○○현장에서는,

입주 1년 후 지하주차장에서 화재가 발생했습니다. 그런데 문제는, 일부 소방설비가 작동하지 않았다는 점이었습니다. 공사는 이미 끝났고 입주까지 완료된 상태였지만, 경찰은 모든 과정을 조사했습니다. 설비가 왜 작동하지 않았는지, 감리는 무엇을 확인했는지, 모든 과정이 조사 대상이 되었습니다. 소방 감리원은 엄청난 심리적 압박 속에서 경찰 조사를 받았습니다. 입주는 끝났지만, 감리의 책임은 끝나지 않았던 것입니다.

○○현장에서는,

입주 몇 년이 지난 뒤, 감지기 에러 등으로 민원이 발생했습니다. 조사한 결과, 템퍼 스위치가 결선되지 않은 사실이 발견됐습니다. 공사 중 실수였는지, 이후 누군가 절단했는지는 불분명했지만, 모든 책임은 감리원에게 향했습니다. 결국 감리원은 과태료 처분을 받게 되었습니다.

예전에는 수천 원짜리 저가형 감지기가 사용되어 오작동이 잦았습니다. 한밤중, 이유 없이 경종이 울리고 방송이 울리면 입주민들은 잠에서 깨어 불안에 떨었습니다. 다행히 요즘은 수만 원대의 고급 아날로그 감지기로 바뀌면서 이런 에러는 줄었습니다.

하지만 기술이 좋아진다고 해서, 감리의 책임이 줄어들지는 않습니다. 도면 위의 설계도 중요하고, 현장의 시공도 중요하지만 그 모든 것을 확인하고 책임지는 감리의 역할은, 공사의 마지막 퍼즐이자 가장 중요한 완성입니다.

2

인천 생활 이야기

공공리모델링 업무

  2019년, 인천본부 주거복지사업부로 발령을 받았습니다. 두 번째 주말부부의 시작이었습니다. 월요일 아침이면, 전주의 호남제일문에서 아침 일찍 고속버스를 타고 인천으로 향했습니다. 인천 터미널에 도착하자마자 바로 택시를 타고 사무실로 향했고, 도착하면 어느새 10시가 가까워졌습니다. 다행히 회사에는 유연근무제가 도입되어 있었습니다.

  월요일엔 1시간 늦게 출근하고, 금요일에는 2~3시간 일찍 퇴근. 그 대신 주중에 시간을 조금씩 더 채워, 주 40시간을 맞추는 방식이었습니다. 원거리 출퇴근자, 어린 자녀를 둔 직원들에게는 정말 큰 도움이 되었습니다. 저도 그 덕분에 인천까지의 먼 출근길이 가깝게 느껴졌습니다.

  주거복지사업부에서 저는 공공 리모델링 업무를 담당했습니다. 노후 단독주택을 매입해 철거하고, 그 자리에 신축 다가구 주택을 지어 청년과 고령자 등 주거 취약계층에게 시세보다 70% 이하로 저렴하게 공급하는 사업입니다.

 몇 해 전, 저도 직접 단독주택을 지은 경험이 있어 시공의 어려움과 시행착오를 몸소 겪었습니다. 그래서 이 업무가 더욱 흥미로웠고, 건축 전반을 실무에서 배울 수 있다는 점에서 즐겁게 일할 수 있었습니다.

 공공 리모델링 사업은 많은 이들과의 협업으로 이루어집니다. 설계사를 선정하여 설계가 완성되면, 건축 공사업체와 전기·정보통신공사 업체를 선정하여 시공과 각종 인허가 절차를 수행하며, 감리업체를 선정하여 공사 전반을 감리하도록 합니다. 그러나 가장 큰 변수는 항상 '현장'에 있습니다. 노후 주택을 철거할 때면 어김없이 소음과 먼지에 대한 민원이 발생했고, 주변 건물의 크랙을 문제 삼는 경우도 많았습니다.

 또 건설사 측의 자재비나 인건비 미지급으로, 노동자와 하도급업체가 항의하는 일도 생기곤 했습니다. 그럴 땐 직접 현장으로 나가, 민원인과 시공사, 관계자들과 머리를 맞대고 수차례 협의 끝에 하나하나 문제를 해결해 나갔습니다.

 다행히 요즘은 체불 문제는 빠르게 해결됩니다. 노임 체불은 고용노동부 고발, 자재비 미지급은 지자체 신고로 영업정지 등 실질적인 제재가 따르기 때문에 업체들도 책임감을 가지고 빠르게 움직입니다.

 주거복지는 주거 취약 세대에게 삶과 안전을 제공하는 일입니다. 편히 쉴 수 있는 공간, 비싸지 않은 월세, 그리고 낡고 위험한 집이 아닌, 조금 더 나은 내일을 품은 집.

 그 집을 짓는 과정이 쉽지 않지만, 입주하는 분들의 행복한 미소를 떠올리며 현장의 소음 속에서도, 반복되는 민원 속에서도 묵묵히 일을 완성할 수 있었습니다.

인천까지의 먼 출근길도, 작은 집 한 채가 완공되어 누군가의 삶이 바뀌는 모습을 보면 기꺼이 감수할 수 있었습니다.

아는 것이 힘 7

생활 속
전기 응급조치

　살다 보면 뜻대로 되지 않아 낭패를 보거나, 속이 타들어 가는 순간들이 찾아옵니다. 특히 전기 고장은 모든 것을 멈추게 하는 막막한 상황을 만듭니다. 기계나 전기에 익숙하지 않은 분들, 특히 여성분들은 이런 순간에 더욱 애가 타게 마련입니다. 하지만 걱정하지 마세요. 전기를 몰라도 누구나 할 수 있는 응급조치 방법이 있습니다.(요즘은 유튜브에도 전기 누전이나 차단기 관련 응급대처 영상이 많으니 참고해 보세요.)

　2011년, 우리 가족은 단독주택을 새로 지어 입주했습니다. 하지만 며칠 지나지 않아 예상치 못한 일이 벌어졌습니다. 세대 분전반(예전 말로는 "두꺼비집")의 전기 차단기 한 개가 자꾸 내려가는 것입니다. 차단기가 내려가면, 그에 연결된 모든 전기는 정전이 됩니다.
　당황한 마음에 분전반의 커버를 열고 차단기를 다시 올렸지만, 곧바로 다시 떨어졌습니다. 그 차단기에는 냉장고 등 전력 소모가 큰 가전제품들이 연결되어 있었습니다. 그래서 연결된 콘센트를 일부 뽑고 다시 차단기를 올렸더니, 정상적으로 전기가 들어왔습니다.

이처럼 가정집에서 종종 차단기가 내려가는 일이 발생합니다. 이럴 때는 당황하지 마시고 다음 절차를 따라 해보세요.
①세대 분전반의 위치를 평소에 알아두고, ②정전이 생기면 분전반을 열고 차단기 상태를 확인하세요. ③내려간 차단기가 있다면 그 가정의 문제이고, ④차단기 모두 올라가 있으면 아파트 전체나 한국전력공사 쪽 문제입니다.
차단기가 내려간 경우, 우선 해당 차단기를 다시 올려봅니다. 그래도 다시 내려가면, 연결된 모든 콘센트를 뽑고 차단기를 다시 올립니다.
차단기가 유지된다면, 한 개씩 콘센트를 꽂아가며 문제 제품을 찾습니다. 과부하로 인한 차단일 수도 있으므로, 전력 사용량이 많은 가전제품(식기세척기, 건조기 등)을 일부 중지하고 시행합니다.
또, 콘센트가 안 되는 경우, 가까운 콘센트에서 멀티탭을 이용하여 우선 사용은 할 수 있습니다.

소화기, 소화전 사용법을 알면 초기 화재를 진압할 수 있습니다.
심폐소생술(CPR)을 익히면, 응급 상황에서 생명을 구할 수 있습니다.
수상 인명 구조 방법을 알면, 물에 빠진 사람을 살릴 수 있습니다.
그리고, 전기 응급조치 방법을 숙지하면 갑작스러운 정전에도 침착하게 대처할 수 있습니다.
생활 속 작은 지식이 당신과 가족의 안전과 삶의 질을 지켜줍니다.

4장

퇴직을 준비하다

1

네 번째 전주 생활 이야기

반쪽 기술자와 인허가

2019년, 인천에서의 1년 근무를 마친 뒤 크게 기대하지 않았는데 전북으로 다시 돌아오게 되었습니다. 소문에 의하면, 퇴직을 앞둔 직원들을 위해 사장님의 배려가 있었다고 합니다.

"회사에 청춘을 바쳤는데, 고생한 만큼 집 근처에서 마지막 근무를 하도록 해주자."

그 따뜻한 말이 제 마음을 적셨습니다.

저는 신입사원 시절부터 오랫동안 직접 감리 감독을 맡았습니다. 하지만 몇 년 전부터는 책임감리 제도가 도입되었고, 발주처는 감리용역업체를 선정하여 감리 업무를 수행하도록 하고 있습니다. 감리자가 자재관리, 공정관리, 품질관리, 안전관리 등 공사 전반의 감리 업무를 수행하며, 우리는 공사관리관으로 기성금 지급, 공사기간 조정 등 '돈과 책임'을 주로 담당하고 있습니다.

우리가 직접 감독할 때에는 스스로를 '반쪽 기술자'라고 생각했습니다. 현장에서 직접 배관공사, 배선공사, 기구취부공사를 하고 하자처리까지 해봐야 비로소 완전한 기술자가 됩니다. 하지만 우리는 도면을 숙지하고, 시공계획서를 검토하고, 시공 과정을 지켜보고, 시공 부분을 검수하기에, 공사 흐름 전체는 알고 있지만 직접 시공을 하지 않기 때문입니다. 지금은 감리가 그 '반쪽 기술자' 역할을 하기에 공사관리관은 '반의 반쪽 기술자' 느낌이 듭니다. 그중에는 완전한 기술자가 되려고 노력하는 분들도 물론 많이 있습니다.

공사가 시작되면, 저는 현장의 수급업체 관계자와 감리원에게 몇 가지를 꼭 당부합니다.

"도면을 믿지 마십시오. 사람이 그리는 것이기에, 오류가 있을 수 있습니다."

시방서, 설계 지침, 설계 계산서, 건축·기계·조경 도면까지 입체적으로 검토하여 시공 전에 오류를 찾아 반영해야 재시공을 막을 수 있습니다.

실제로 ○○ 현장에선 엑셀로 작성된 변압기 용량 산정표에 세대 수 일부가 누락되어 변압기 용량이 적게 설계된 적이 있었습니다. 다행히 변압기가 현장 반입 전에 오류를 발견하여 용량을 다시 산정하여, 적정 용량의 변압기로 교체하여 반입하였습니다.

사고는 방심 속에서 시작되고, 예방은 의심과 검토 속에서 이루어집니다.

건설 현장에서 가장 중요한 절차 중 하나는 인허가입니다. 사업승인을 받기 위해 도면과 계획서를 관청에 제출하면, 지자체, 소방서, 한국전력공사 등 여러 기관이 의견을 제출하고 그 결과로 '사업승인 조건'이 부여됩니다.

 이 조건은, 단순한 참고사항이 아니라 '지켜야 할 법적 의무'입니다. 하지만 ○○현장의 모 감리원은 이 조건을 자신의 경험대로 자의 해석하여 설치를 생략하게 했고, 준공 직전에서야 이 사실이 드러나 어렵게 보완공사를 하며 진땀을 뺐습니다.

 또 다른 현장에선 초고속 정보통신 건물 인증 기준이 바뀌었는데, 정보통신공사 소장이 이 사실을 간과한 채 공사를 진행하여, 준공 단계에서 뒤늦게 인증을 받느라 막대한 시간과 비용이 들었습니다.

 전기, 정보통신, 소방공사의 인허가는 종류도 다양합니다.

 전기공사계획신고(전기안전공사), 전기 사용신청(한전), 전기안전관리자 선임신고(전기기술인 협회), 전기 사용 전 검사(전기안전공사사), 승강기 완성검사(승강기안전공단), 소방설비 신고 및 완료 신고(소방서), 정보통신 사용 전 검사(지자체), 초고속 정보통신 건물 인증(정보통신진흥 협회) 등

 그 하나라도 누락되면 준공은 물론, 입주 자체가 지연될 수 있습니다.

 퇴직을 앞둔 지금, 저는 후배들에게 실수 없는 감리 감독의 길을 전하고 싶습니다.

 '문서에 쓰인 대로만 하면 되겠지'라는 안일함이 얼마나 큰 비용과 혼란으로 되돌아오는지 수없이 목격했습니다.

 '문서를 믿지 말고, 사람의 실수를 의심하라. 그리고 모든 걸 한 번 더 확인하라.'

이것이 제가 남길 수 있는 선배 기술자로서 경험입니다.

기술자의 양심

아파트를 완성하기까지 수많은 사람의 손과 정성이 들어갑니다. 특히 전기 및 정보통신공사는 사람들에게 편리함을 공급해 주는 핵심 뼈대입니다. 그러나 그 뼈대가 제대로 역할을 하기 위해서는, 기술자의 손보다 더 중요한 '양심'이 있어야 합니다.

1990년대, ○○현장의 일입니다.

전기 및 정보통신공사의 하도급은 법적으로 엄격히 제한되어 있지만, 당시에는 배관공사, 배선공사, 기구 설치공사를 공정별로 분리하여 다른 팀에게 맡기는 경우가 일부 있었습니다. 문제는 이 '분리된 책임' 속에서 누구도 전체를 책임지지 않으려는 분위기였습니다.

배관 공사팀이 공사를 하였는데 일부 구간에 배관이 막혀버렸습니다. (그 시절에는 안타깝게도, 철근 공이나 콘크리트 타설 공에게 돈이나 막걸리 등을 상납하지 않으면 배관에 고의로 이물질을 넣는 악습도 존재했지요.)

이후 배선 공사팀이 들어왔지만, 막힌 배관을 발견하고도 "내 일이 아니다"라는 식으로 그 구간을 생략하고 배선을 깔았습니다. 마지막으로 기구 설치팀은 문제의 구간을 모른 채 조명기구를 설치했습니다.

준공을 앞두고 조명기구 작동 시험을 하던 중, 일부 조명이 켜지지 않았습니다. 처음엔 단순한 기구 불량이라 생각하고 기구를 교체했지만 결과는 같았습니다. 의심스러워 전선을 잡아당겨 보니… 중간에 배선이 아예 없는 상태로 '쏙' 빠져나왔습니다.

　이미 건축 마감과 도장 공사가 완료된 상태에서, 책임자인 전기 소장은 막힌 부분 배관을 찾아 보수하였고 건축팀은 미장과 도장 공사를 다시 해야 했습니다. 이 모든 소모적 비용과 노력은 한 사람의 무책임에서 시작되었습니다.

　기술자의 손끝이 아무리 능숙하다 해도, 그 손이 '양심'을 거치지 않으면 현장은 반드시 흔들립니다. 특히 건설 현장처럼 공정이 서로 정교하게 맞물려 있는 곳에서는 자기 일은 당연하고 상대를 이해하고 협업하는 태도가 필수적입니다.

　건설 현장은 결국 사람이 사는 공간을 만드는 곳입니다. 단순한 벽돌 쌓기가 아닙니다. 전기를 켰을 때 조명이 들어오고, 인터폰이 작동하며, 비상시에 방송이 울릴 수 있는… 그런 안전하고 신뢰할 수 있는 공간을 만드는 일입니다. 그 일을 위해선, 법보다 더 중요한 기술자의 책임감과 양심이 필요합니다. 기술은 진보했지만, 양심은 여전히 사람의 몫입니다.

　우리 모두가 각자 맡은 분야에서 '누군가의 생활'을 짓고 있다는 마음으로 조금 더 책임 있게, 정직하게 일하기를 기대합니다.

2

두 번째 인천 생활 이야기

군부대 현장

 전주에서의 짧은 3년을 마치고, 뜻밖에도 다시 인천본부로 발령을 받았습니다. 34년 직장 생활 동안 제주, 서울, 천안, 인천 등으로 인사발령이 났을 때에 한 번도 인사명령에 이유를 묻지 않았습니다. 명령이 떨어지면 묵묵히 받아들이는 게 당연하다고 생각했습니다. 하지만 이번만큼은 도무지 이해가 가지 않았습니다. 묵묵히 따르기만 하던 나에게 동기생이 조언을 해줬습니다.

 "나는 인사발령이 이해가 되지 않으면 인사처에 전화해. 너도 한 번 해봐." 처음엔 망설였지만, 그 말이 용기를 줬습니다. 입사 34년 만에 처음으로 인사담당자에게 전화를 걸었습니다.

 왜 인천본부로 발령이 났는지, 대전충남본부로 명령받은 직원과 서로 바꿀 수는 없는지, 내년이면 임금 피크인데 그때는 전북으로 갈 수 있는지 등 조심스럽게 물었습니다.

인사담당자의 설명은 이랬습니다.

"승진을 하면 전보 인사가 원칙이기에, 승진 후 전보 인사입니다. 그리고 서로 바꾸는 것도 여의치 않습니다. 대신 임금 피크가 되면 최대한 고향 근무를 반영해 드리겠습니다."

나는 마음을 다시 잡았습니다. "그래, 1년만 참고 열심히 일하자."

인천본부에서 다시 본부 직할 검단사업단으로 배치되었습니다. 사무실은 인천 서구 원당동, 숙소는 김포 풍무동, 차로 10분 거리였습니다.

숙소는 김포공항이 가까워 비행기 소음이 심했고 창문이 자주 떨렸습니다.

내 하루는 이랬습니다. 새벽 6시 기상, 헬스장에서 운동, 조식 후 업무 시작, 저녁 식사 후 야근, 밤 10시 취침. 정돈된 하루였습니다. 우리 부서엔 임금 피크 중인 선배, 저, 입사 4년 차 후배, 그리고 기간제 직원까지 총 4명이 전기와 정보통신 업무를 맡아 처리했습니다. 8개 아파트 공구와 4개 군부대 현장을 담당했습니다.

군부대 현장은 내게도 처음이었습니다. 출입 전날까지 군부대에 인적 사항과 출입 목적 등 출입신청을 하고, 휴대폰엔 보안 앱을 설치해 사진 촬영을 막았습니다. 차량 블랙박스는 덮개로 가렸고, 어떤 장비도 허가 없이 켤 수 없었습니다.

군부대 현장은 '기부채납'과 '기부 대 양여' 방식으로 사업을 추진합니다. '기부채납'은 국가 또는 지방자치단체가 기반 시설을 확충하기 위해 사업 시행자로부터 무상으로 재산을 받아들이는 방식이며, '기부 대 양여'는 사업시행자가 새로운 토지에 국방, 군사시설을 설치하여 기부채납하고, 기존 국방, 군사시설이 있던 토지는 용도 폐지하여 사업시행자에게 양여하는 사업 방식입니다.

전주 35사단 이전사업, 창원 39사단 이전사업 등 군부대 이전사업은 '기부 대 양여 방식'을 많이 추진하였습니다. 군부대와의 협의를 거쳐 설계를 하고, 시공 도중에도 수시로 도면이 수정되기도 하며, 준공 및 인수인계까지 끊임없는 조율이 필요했습니다.

현장 감리원 중 몇 분은 예비역 군인이었습니다. 함께 일했던 감리원은 육군 중령 출신, 그리고 공군사관학교를 졸업한 공군 대령 출신이 계셨습니다. 그 공군 대령 출신 감리원은 말수가 적었지만, 가끔 흥미로운 이야기를 들려주었습니다.

"전두환 전 대통령이 ○○ 공수여단장 시절, 우리 사관생도들이 그 부대에서 구보를 하다가 동기생 하나가 쓰러져서 끝내 못 돌아온 적도 있었지요…." 국방 TV나 뉴스에서는 듣지 못할 군 시절의 이야기들이 그의 입을 통해 전해졌습니다.

돌이켜보면 전혀 예상치 못했던 인천 발령 덕분에, 군부대 현장의 새로운 세계를 경험하게 되었고, 예비역 장교들과 많은 이야기를 나눌 수 있었습니다.

처음엔 "왜, 하필 내가?"로 시작했던 이 발령이 시간이 지날수록 "그래서 다행이다"로 바뀌었습니다. 예상 밖의 길에서, 예기치 못한 배움이 온다는 것을 깨달아 알게 되었습니다.

KEC 설계 및 제로에너지 건물

검단사업단으로 부임한 첫날, 내게 주어진 12개 공구 현장을 바라보며 조금은 긴장했습니다. 8개는 아파트 현장이었고, 그건 익숙했습니다. 입사 후 30년 넘게 아파트와 도시 기반 시설 공사만 해 왔으니까요. 그러나 나머지 4개는 군부대 현장이었습니다. 단 한 번도 군부대 현장을 경험한 적이 없었습니다.

심지어 설계 도면의 구조나 사용하는 용어조차 익숙하지 않았습니다. 다행히 임금 피크 중인 선배님이 적극적으로 도와주셨고, 후배들도 열심히 서포트 해주었습니다. 덕분에 빠르게 적응할 수 있었고, 현장별 주요 현안을 정리해 큰 문제없이 12개 현장을 관리하였습니다.

돌이켜보면, 우리가 입사할 때에만 해도 우리 직원들이 직접 설계, 견적, 발주, 계약, 감리 감독을 하였습니다. 하지만 지금은 국가 시책에 따른 물량 증대와 인력 한계 등으로 이제는 설계와 감리 모두 외주로 진행됩니다.

그 결과, 외주 설계에는 오류가 많이 있습니다. 예전에 우리 직원이 설계한 도면을 받아 본 시공사 소장들은 "도면 그대로 시공하면 된다"라며 안심하던 시절이 있었지만, 이제는 감리원과 시공사 현장대리인이 도면부터 꼼꼼히 검토하지 않으면 현장에서 문제가 발생합니다.

이를 누구보다 잘 알기에 도면 검토를 매우 중요하게 여깁니다.

- 전기공사, 정보통신공사의 도면 간 상호 오류

- 건축, 기계 등 타 공종 과의 간섭 여부
- 설계 개선 사항, 법 개정 반영 여부
- 사업 승인 조건과 내역서 검토 등

우리가 직접 감리는 아니지만 철저한 관리·감독의 눈으로 살피며 업무를 하고 있습니다.

2022년부터는 전기 설계 방식이 한국 전기 설비 규정(KEC)으로 전면 전환되었습니다.

전선 색상도, 차단기, 전선 규격 산정, 접지 시스템도 모두 바뀌었습니다. 나는 주요 변경 내용을 정리해 감리원들과 시공사 소장들에게 공유했습니다. 설계 반영 여부를 사전에 검토하여, 처음 도입되어 시공 중인 KEC 설계 현장도 무사히 준공할 수 있었습니다.

또, 2021년부터 시행된 제로 에너지 건축물(5등급) 시범사업이 인천 검단 지구에서 추진되었습니다. 처음 듣는 개념, 처음 보는 자료들, 모두가 생소했지만 우리는 알아야 했기에 관련 모든 문서를 찾아보고 핵심 내용을 정리해 전기·정보통신 감리원들과 시공사 소장들에게 공유했습니다.

공종별 감리원, 시공사, 자재 업체, 컨설팅 회사 등 많은 관계자와의 수차례 미팅을 통해 설계 누락 사항과 미반영 내용을 도출했고 설계변경을 이끌었습니다. 결국, 제로 에너지 시범 지구 또한 문제없이 준공하였습니다.

누군가는 공사현장의 일상을 '거친 현장 속 반복된 일과'라고 생각할지 모릅니다.

하지만 나는 그 속에서 매일 새롭게 배우고, 조율하고, 성장하는 자신을 발견합니다.

내가 걷는 이 길 위에는 '감독'이라는 단어보다 '책임'이라는 마음이 더 선명하게 새겨져 있습니다.

3

다섯 번째 전주 생활 이야기

임금 피크

2023년, 인천본부 검단사업단에서의 1년은 그 어느 해보다 속도감 있게 흘러갔습니다.

하루하루 맡은 업무에 집중하다 보니 시간은 눈 깜짝할 사이에 지나갔고, 예고되었던 임금 피크제 시기가 다가왔습니다. 약속대로 전북으로 발령을 받았습니다.

임금 피크 제도란 일정 연령에 도달한 근로자의 임금을 줄이는 제도입니다. 급여는 줄지만, 근무 시간도 줄어들고, 우리 회사는 퇴직을 앞둔 직원들을 위해 '나침반 교육'이라는 전직(轉職) 프로그램을 운영하고 있습니다.

이 프로그램을 통해 많은 동료들이 커피 바리스타, 한식 기능사, 전기 기능사, 굴삭기, 지게차 자격증, 기술인 감리 교육 등을 수강합니다. 저도 한식 요리 교육을 받았고, 동력 수상 레저 조종면허도 취득했습니다. 곧 전기 감리 교육도 수강할 예정입니다. 퇴직 이후 제2의 인생, 그 시작을 조금씩 준비하고 있습니다.

벌써 입사한 지 35년이 되었습니다. 신입사원 시절, 퇴직을 앞둔 선배님들을 바라보며 '30년 넘게 한 직장에 다닌다는 건 정말 대단한 일이다'라고 생각했습니다. 그런 시간이 과연 나에게도 올까? 상상만 했던 그 시간이, 어느새 현실이 되었습니다.

물론, 쉽지만은 않았습니다.

힘든 순간도 많았고, 그만두고 싶었던 날도 몇 번 있었습니다. 하지만 사랑하는 가족들과 함께 버텨준 동료들이 있었기에 매번 다시 일어설 수 있었습니다. 지나고 보니, 그 모든 시간이 내 삶의 소중한 자산이 되었습니다.

선배님들께서 말씀하셨던 "30년이 금세 지나갔다"라는 그 말, 이제는 제 말이 되었습니다.

후배 여러분, 하루하루 열심히 살아보세요.

지금은 멀고 힘들어 보일지라도, 당신만의 멋지고 빛나는 기록이 새겨지고 있습니다.

동력수상레저기구 조종면허 취득

초등학교부터 지금까지, 오랜 시간을 함께한 친구가 있다면 인생은 꽤 든든합니다. 나에게는 그런 친구가 있습니다. 몇 해 전, 그 친구의 소개로 처음 바다낚시를 경험하게 되었고, 그날 이후, 내 삶에 '취미 이상의 즐거움'이 생겼습니다.

친구의 후배가 낚시용 보트를 소유하고 있었고, 어느 날 여유 자리가 생겼다며 초대했습니다. 인근 낚시점에서 낚싯대를 빌려, 비안도 무녀도 장자도 관리도 말도 야미도 등으로 문어를 잡으러 나갔습니다. 생각보다 제법 큼직한 사이즈의 문어를 많이 잡았고, 며칠 뒤 두 번째 출조에서도 내가 가장 많은 문어를 잡았습니다.

이날 보트 선장님에게서 "어복 있는 분"이라는 칭찬까지 받았습니다. 아내는 나에게 남의 것 빌리지 말라며 낚싯대를 선물해 주었습니다. 나는 그날, 진짜 낚시에 빠졌습니다.

어느 날, 청송 심 씨 종친 후배와 낚시 이야기를 하였는데, 자기도 보트가 있다고 말을 했습니다. 그러면서 "같이 낚시 가자"고 하여 몇 번 함께 바다로 나갔고, 어느 순간 후배가 말을 했습니다.

"형님도 조종면허를 따면, 같이 운전도 하고 낚시도 다니면 더 재밌지 않겠어요?" 그 말에 망설임 없이 보트 조종면허 취득을 결심했습니다. 마침 회사의 나침반 교육 프로그램에 '동력수상레저기구 조종면허 2급 과정'이 가능하다는 것을 알게 되었고, 망설이지 않고 김제시 만경읍에 있는 조종면허 시험장에 등록했습니다.

조종면허는 1급과 2급으로 나뉘어 있습니다.
1급 : 레저사업 종사자, 강사 대상. 필기 70점 / 실기 80점 이상
2급 : 취미 레저용. 필기 60점 / 실기 60점 이상
나는 취미 목적이었기에 2급으로 지원했습니다.
2024년 11월 25일부터 29일까지 5일 동안 35시간 면제 교육 (이론 20시

간 + 실기 16시간)을 이수하여 면허증을 취득했습니다. 출석은 지문 등록 방식이었고, 1분만 지각해도 수료 불가라는 철저한 시스템 덕분에 그 어떤 교육보다 성실하고 진지하게 교육에 임할 수 있었습니다. 교육 내용은 단순히 '면허를 따는 법'이 아니라 바다를 안전하게 즐기는 법을 알려주었습니다. 수상안전 및 법규, 구급 및 응급처치, 항해와 기관, 모터보트 조종술, 유용한 앱(물때, 날씨, 해로드 등) 사용법까지 자세히 배웠습니다. 특히 '내가 안전해야 가족도, 동료도 즐겁다'는 기본 원칙이 마음 깊이 와닿았습니다.

만약, 보트 조종면허를 좀 더 빠르게 따고 싶다면, 유튜브에서 "타고대장 배준성 박사"의 시험 꿀팁 영상을 참고해 보세요. 36만 회 이상 조회된 이 영상은 실전에서 어떻게 하면 감점되지 않는지를 시험관이 직접 알려줘 매우 유익합니다.

하지만 저처럼 안전과 기본기를 중시하는 분이라면, 35시간 면제 교육이 훨씬 더 깊이 있는 배움이 될 것입니다. 그 시간 동안 단지 면허를 땄을 뿐만 아니라, 물 위에서 살아가는 법을 배웠습니다.

기술자 경력신고

1986년, 대학교 4학년. 전기기사 1급 자격증을 취득하면서 '전기인'이라는 이름을 내 어깨에 걸었습니다. 이듬해 2월 졸업, 3월에 공군에 입대해 1990년 7월 전역. 제복을 벗고 사회에 첫발을 내디딘 곳은 한국전력공사였습니다. 하지만 희망하던 배전 직군이 아닌 발전 직군으로 배치되자 잠깐의 망설임도 없이 퇴사를 결심했습니다. 그리고 그해 10월, 대한 주택공사

(현, LH)에 입사하면서 본격적인 전기기술인의 길을 걷기 시작했습니다.

대한 주택공사에서는 주공아파트 건설에 참여하여 전기공사, 정보통신 공사, 소방공사의 감리 감독 업무를 맡았습니다. 감리 제도가 생겨 직무교육, 인정 교육 등을 수료하여 전기 감리원 수첩, 정보통신 감리원 수첩, 소방감리원 기술인력 수첩을 취득했습니다.

이제 퇴직을 앞두고 제2의 인생을 준비하고 있습니다. 감리 업무를 계속하려면, 공사 규모에 따라 감리 근무 경력이 일정 기준 이상 충족되어야 합니다.

그래서 필요한 것이 바로 경력신고입니다. 문제는 퇴직 후 수년이 지난 뒤에는 신고하려면 인사자료, 설계변경 문서 등 관련 자료 확인이 어렵습니다. 그래서 아직 현직일 때, 미리미리 준비하는 것이 수월합니다.

전기기술인의 경력신고는 전기기술인 협회 시도회에 먼저 문의 후, 협회 홈페이지에서 경력확인서, 재직증명서, (필요시) 인사 명령지, 공사계약서 등의 양식을 다운로드 및 작성하여 협회 회원 관리팀(경력 추가는 시도회)에 제출하면 됩니다.

경력 반영 확인은, 전기기술인 협회 홈페이지 – 온라인 신고 및 증명서 발급 – 경력 신청 – 확인서 신청 조회 – 확인서 신청 – 발급 구분 : 전력기술인/감리원 중 선택 – 발급 용도 : 입찰용/시도제출용/일반용 중 선택 – 참여 분야 : 총괄 등 선택 – 신청 매수 : 1매 절차에 따라 신청하고 수수료 4,500원을 납부하면 출력이 가능합니다. 미리 보기를 이용하면 출력은 불가능하고 무료로 경력신고 반영 여부를 확인할 수 있습니다.

정보통신기술인의 경력 신고는 정보통신공사협회 시도회에 문의, 홈페이지에서 양식 다운로드, (별지 2회) 경력확인서, (별지 30호) 신청서, 회사 경력증명서 등 첨부하여 해당 시도회에 제출하거나 온라인으로 신청하면 됩니다.

또한 각 협회 홈페이지의 구인구직 게시판에는 기술자, 감리원 등 일자리를 실시간으로 확인할 수 있습니다. 퇴직 이후에도 일할 기회를 넓히기 위해 꾸준히 살펴보면 분명 도움이 됩니다.

아는 것이 힘 8

단독주택은
태양광 발전 무조건 설치

우리가 살아가는 데 있어 꼭 필요한 전기, 편리하지만 전기 요금 부담이 점점 커지고 있어 대안을 검토합니다.

잘 아시다시피 주택용 전기 요금은 전기 사용량이 많을수록 누진제가 있어 요금이 비싸게 부과됩니다. 1kwh 당 전기 사용 요금은, 한 달에 200kwh 이하 사용 시는 120원, 201~400kwh 사용 시는 214.6원, 401~1,000kwh 사용 시는 307.3원, 1,000kwh 초과 사용 시는 736.2원 부과됩니다(7~8월 하절기에는 일부 완화). 같은 1kwh를 사용 시 120~736.2원이 차등 부과됩니다.

예를 들어, 월 200kwh를 사용했다면 31,360원, 400kwh은 83,900원, 600kwh은 163,090원, 800kwh은 235,830원, 1,000kwh은 308,580원 부과됩니다. **(한전 ON 홈페이지 – 전기 요금 – 전기 요금계산 / 비교 – 계약종별 주택용(저압), 사용량 입력으로 확인)**

그래서 한전에서는 각 가정에서 전기를 적게 사용하도록 유도하고 있습니다.

일단 전기 사용량을 줄이고 전기 요금 할인 등 절약 꿀팁을 활용합니다. **(아는 것이 힘 6 (전기 요금 절약 꿀팁) 참고)**

다음으로 태양광 발전설비를 설치합니다.

태양광 발전설비는 크게 자가용 발전과 사업자용 발전 2가지로 나뉩니다.

자가용 발전은 (보통 3kw, 주택용) 고객이 생산하여 고객이 소비하는 발전 시스템입니다.

태양광 발전으로 생산된 전기를 우선 가정에서 사용하고 남으면 한전으로 전기를 보내고, 비 오거나 야간의 경우처럼 태양광 발전이 부족한 경우에는 한전에서 전기를 받아 사용하고, 차후에 한전으로 보낸 양과 받은 양을 상계처리하여 전기 요금을 계산합니다.

사업자용 발전은 (대개 100kw 이하, 판매용) 고객이 생산하고 한국전력에 판매하는 발전 시스템입니다. 국가에서는 신재생에너지 촉진을 위해 태양광 발전에 보조금을 주고 있습니다. 자가용 발전의 경우, 사전에 허가받은 업체를 통하여 설치하는 경우 국가와 지자체에서 설치비를 지원하는데 대략 50% 정도 지원해 줍니다. 사업자용 발전의 경우, 설치비는 지원을 해주지 않는 대신 한국전력에 판매할 때 가중치(건물은 1.5배 등)를 주어 지원하고 있습니다.

저도 단독주택을 건설한 후에, 보조금을 받아서 자가용 태양광 발전 설비를 설치하려고 했습니다. 하지만 허가받은 업체를 알아보니 이미 접수 물량이 많아서 2년을 기다린 후에 설치할 수 있었습니다. 태양광발전을 설치한 지 12년이 지났지만 초창기에 퓨즈 몇 번 나간 것 외에는, 아직도 인버터나 접속함 등 고장 한번 없이 발전효율 95% 이상 잘 생산하고 있습니다.

24년 기준 3kw 정부 보조사업 태양광 발전설비 공사비는 (지붕 형태, 설치 조건에 따라 조금은 달라지겠지만) 500만 원 정도이며 보조금을 받으면 200만 원 이내에 설치 가능합니다. 정부 보조사업을 받으려면 건축물대장이 있어야 하고 허가받은 업체 등 여러 제한이 있습니다. 건축물대장이 없거나 목조 주택, 패널 주택, 무허가 주택 등 정부 보조사업을 받지 못하는 자부담 100% 설치의 경우 제가 알아본 회사에서는 325만 원에 가능하다고 합니다.

정부 보조 없이 자부담 100%로 태양광 발전을 설치한 경우, 월 350kwh 이상 소비하는 가정은 5년 이내 회수 가능합니다. 매월 350kwh 소비를 가정한다면, 전기 요금은 태양광 미설치 시 월 7만 원, 태양광 설치 시 월 1만 원 이내입니다. 매월 6만 원, 1년에 70여만 원, 5년에 350여만 원 절약 가능합니다. 정부 보조금을 받고 설치하면 3년 이내에, 보조금 없이 자부담으로 설치해도 5년 이내에 원금을 회수하고, 25년 이상 전기 요금을 절약할 수 있습니다. 태양광 발전은 한번 설치하면 25년간 80% 효율 성능을 보장하며, 점점 기술력이 좋아지고 있습니다. 단독주택의 경우 무조건, 정부 보조금 받고 200만 원 이내 설치하고, 여의치 않으면 자부담이라도 태양광 발전설비를 설치할 것을 권합니다. 물론 태양광 패널 설치로 지붕의 아름다운 모습이 가려질 수는 있습니다.

참고로 아파트의 경우는 베란다에 설치하는 미니 태양광(500w 정도의 모듈 설치)으로 전기 요금 누진제를 완화할 수 있습니다. 미니 태양광의 장점은, 전기 요금 절감, 간단한 설치, 지자체 등에서 50~90% 보조금 지원이 가능하다는 것 등입니다.

단점은, 방향과 그늘 지역 시 발전량 제한, 아파트별 규제 등입니다.

참고로, 일부 지자체만 보조금을 지급하고 있으니 지자체에 확인하세요.

(25년 세종시 500w 설치비 918,500원, 보조금 642,950원, 자부담 275,550원 사례.

25년 부천시 445w 설치비 95만 원, 보조금 76만 원, 자부담 19만 원 사례.

25년 서울 금천구 390w 설치비 840,000원, 보조금 672,000원, 자부담 168,000원 사례.

25년 용인시 1,000w 이내 설치비 도비 40%, 시비 40%, 자부담 20% 사례 등)

500w 미니 태양광 설치 시, 설치비용은 100만 원 이내이며, 보조금 받으면 20만 원 이내에 가능합니다. 월 50kwh 정도 발전으로, 누진제 감안 시 월 1만 원 정도 절약하며, 25년 이상 절감 받을 수 있습니다.

태양광 발전 설치비용 자료